पारम्परिक वैवाहिक गीत

सरला देवी

बुक्स फॉर ऑल

दिल्ली-52

वितरक :
डी. के. पब्लिशर्स डिस्ट्रीब्यूटर्स
1, अन्सारी रोड़, दरियागंज
नई दिल्ली–110002
दूरभाष : 3261465, 3278368
फैक्स : 91-11-3264368

प्रथम संस्करण : 1997

प्रकाशक :
बुक्स फॉर ऑल
बी–2, वर्धमान पैलेस,
नीमड़ी कॉमर्शियल सेन्टर,
अशोक विहार, फेज़–IV, दिल्ली–110 052
दूरभाष : 7401672

मुद्रक :
डी. के. फाईन आर्ट प्रैस (प्रा०) लिमिटेड
दिल्ली–110052

भारत मे प्रकाशित

क्रम

खोड़िया

बधावा

काँगना

भजन

विनायक बाबा का

चालो विनायक आपां, बिरद घर चालां।
सोणा सोणा सुगन, दिलावां ओ राज।
म्हारा बिरद विनायक।।
एक बिरद विनायक म्हारा, देव विनायक।
छोटी सी पिन्डी कामण घालां ओ राज।
म्हारा बिरद विनायक।।
चालो विनायक आपां, कुम्हाराँ कै चालां।
सोणा सोणा बरतन, मुलावां ओ राज।
म्हारा बिरद विनायक।।
एक बिरद विनायक म्हारा, देव विनायक।
छोटी सी पिन्डी कामण, घालां ओ राज।
म्हारा बिरद विनायक।।
चालो विनायक आपां, सोनी कै चालां।
सोणा सोणा गहणा घड़ावां, ओ राज।
म्हारा बिरद विनायक।।
एक बिरद विनायक म्हारा देव विनायक।
छोटी सी पिन्डी कामण घालां ओ राज।
म्हारा बिरद विनायक।।
चालो विनायक आपां, बजाजी कै चालां।
सोणी-सोणी चुन्दड़ी मुलावां, ओ राज।
म्हारा बिरद विनायक।।
एक बिरद विनायक म्हारा, देव विनायक।
छोटी सी पिन्डी कामण घालां ओ राज।
म्हारा बिरद विनायक।।
चालो विनायक आपां, पन्सारी कै चालां।

सोणा-सोणा पडला, मुलावां ओ राज।
म्हारा बिरद विनायक।।
एक बिरद विनायक म्हारा, देव विनायक।
छोटी-सी पिन्डी कामण घाला, ओ राज।
म्हारा बिरद विनायक।।
चालो विनायक आपां कुम्हाराँ ग चालां।
मान्डयो तो चुन्डयों घर आये राज।
म्हारा बिरद विनायक।।
चालो विनायक आपाँ बजाजी ग चालां।
पहरयो तो आडयो घर आओ राज।
म्हारा बिरद विनायक।।
चालो विनायक आपां सोनी ग चालां।
लहरो लुम्बयो घर आयो राज।
म्हारा बिरद विनायक।।
चालो विनायक आपां समधी ग चालां।
छोटो सो बन्नो परनावा ओ राज।
म्हारा बिरद विनायक।।

गीत सब देवता का

पांच सुपारी पाना का बिड़ला।
ले गणेश जी पा जाईयो जी।।
पांच सुपारी पाना का बिड़ला।
ले देवी रानी पा जाईयो जी।।
जिस डाली पर म्हारै गणेश जी बैठे,
वा डाली झुक जाईयो जी।
जिस डाली म्हारी देबी रानी बैठी,
वा डाली झुक जाईयो जी।
झुक वी जाईयो नवी जाईयो,
वा डाली फल लाईयो जी।।
झुक वी जाईयो नवी जाईयो,
ठन्डे झोले लाईयो जी।।
पांच सुपारी पाना बिड़ला,
ले हनुमान बाबा प जाईयो ज़ी।।

गीत सतियां का

बढ़ये बगड़ रानी उतरी,
सिर गडवा जल नीर।
धन रानी सकलै मासती।।
गडवा छिटयका भुँ पड़ा,
धरती लीया ये सिला ये।
धन रानी सकलै मासती।।
बड़ये बगड़ रानी उतरी,
सिर गोबर की हेल।
धन रानी सकलै मासती।।
गोबर छिटक्या भुँ पड़ा,
धरती लीया ये लीपाण।
धन रानी सकलै मासती।।
बड़ये बगड़ रानी उत्तरी,
भर गेहुंआ का छाज।
धन
छाज ज छिटक्या भुँ पड़ा,
धरती लिया ये बिजाण।
धन
बडये बगड़ रानी उतरी,
भर मोतियन थाल।
धन
थाल ज छिटक्या भुँ पड़ा,
धरती जगमग होये।
धन
थारी-ओ सती माता चुन्दड़ी,
रंगीयो बार सोमार।

धन
ना ओडी ना गीदमली,
लीनी सिवासना उतार।
धन
थारा ओ सती माता चुड़ला,
मडंया था मंगल वार।
धन
ना पहरा ना गीदमाला,
गया गया राजीड़ा र साथ।
धन
थारा ओ सतीमाता बिछवा,
घड़ैया था चतुर सुजान।
धन
ना पहरा ना गीदमाला,
लीन्या सिवासना उतार।
धन
इन र गावां क गोरवै,
लम्बी बदी ये खजूर।
धन
जहँ चढ़ सतीमाता देखती,
सुर ग नेड़ घर दुर।
धन
सासु रान्धा खिचड़ा,
मायड़ जीन्दवां रा भात।
धन
ना भावै थारा खिचड़ा,
ना भावै जीन्दवां रा भात।
धन

भावै राजीड़ा रो साथ,
धन
मांय कहवै बेटी सासरै,
सास कहवै बहु पीहर।
धन
ना पीहर ना सास रै,
गई गई राजीड़ा र साथ।
धन
पीहर तैयारा रानी सासरा,
नानसड़ी ननसाल।
धन
मेरा री भाई ढोलीया,
गहरा सा ढोल ढुलाये।
धन
जैं चढ़ सतीमाता सुर-ग गई,
अधबीच लीया बि-स-राम।
धन रानी सकलै मासती।।

गीत देवतां का

चोदस का नौन्तया देवता मावस न आईयो जी
आईयो सवेरी देवता जाईयो अबेरी जी
भुखा-भुखा आईयो थे धाप्या-धाप्या जाईयो जी
उगाना-उगाना आईयो थे पैरंया ओढ़ा जाईयो जी
खीर खांड़ का देवता भोजन पाईयो जी
पान सुपारी देवता लेवो नी तमोल जी
पग मोड़ै घुड़लै चढै
थानै परयल देवै आशीश जी
लदो बदो थे पुतां फलीयो
दयो भाईयां मैं सिर जी
थमनै मनावण म्हारा राम चन्द्र आवै जी
तीखै सै घुघंट उनकी गौरी धन आवै जी
रातै सै चुड़लै उनकी गोरी धन आवै जी
थामनै मनावण म्हारा गीगा राज आवै जी
गोद झडूल उनकी मायड़ आवै जी
पीलै रै भेस उनकी मायड़ आंवै जी
चोदस का नौन्तया देवता मावस न आईओ जी

(२)
लोरी म्हारा देवता लोरी ले
बागड़ का राजा लोरी ले
काला गोरा ब्याहावण चाल्या
सारस की सी जोड़ी रे
वागड़ का राजा लोरी ले
लोरी म्हारा देवता लोरी ले

बागड़ का राजा लोरी ले
कालै ग तो गोरी जी
या गौरे तो काली जी
बागड़ का राजा लोरी ले
लोरी म्हारा देवता लोरी ले
बागड़ का राजा लोरी ले
काली गोरी कातण बैठी
पैहर रेशमी साड़ी रे
बागड़ का राजा लोरी ले
लोरी म्हारा देवता लोरी ले
काली गोरी कातण बैठी
पैहर रेशमी साड़ी रे
बागड़ का राजा लोरी ले
लोरी म्हारा देवता लोरी ले
बागड़ का राजा लोरी ले
काली गोरी पीसण बैठी
पेहर पीत्तम्बर साड़ी रे
बागड़ का राजा लोरी ले
काली गोरी पोवण बैठी
पैहर गुलाबी साड़ी रे
बागड़ का राजा लोरी ले
लोरी म्हारा देवता लोरी ले
बागड़ का राजा लोरी ले
कालै गोरे का झगड़ा माच्या
या क्यूँ कर आई गोरी रे
बागड़ का राजा लोरी ले
लोरी म्हारा देवता लोरी ले
बागड़ का राजा लोरी ले

तनै खर्चा पेला धेला
मैंने लुटादी बोरी रे
बागड़ का राजा लोरी ले
या न्यूँ आई गोरी रे
बागड़ का राजा लोरी ले
लोरी म्हारा देवता लोरी ले
बागड़ का राजा लोरी ले
काली गोरी पोढ़ण लागी
पहर जरी की साड़ी रे
बागड़ का राजा लोरी ले
लोरी म्हारा देवता लोरी ले
बागड़ का राजा लोरी ले
गोरी क तो छोरी जामी
काली क तो छोरा जी
बागड़ का राजा लोरी ले
या काली हो गई सैली जी
बागड़ का राजा लोरी ले
लोरी म्हारा देवता ले
बागड़ का राजा लोरी ले

गीत पितरां का

कठये खुदादां देवता जोड़ला।
कठये बंधाऊ धोली पाल, सकल देवता दो जने।।
नार नोंद खुदादो, रानी, जोड़ला।
सिखर बंधादो धोली पाल, सकल देवता दो जने।।
दिल्ली खुदादो रानी जोड़ला।
सिखर बंधादो धोली पाल, सकल देवता दो जने।।
क्यांये भराऊ देवता जोड़ला।
क्याये बंधाऊ धोली पाल, सकल देवता दो जने।।
दुध भराओ रानी जोड़ला।
दहीये बंधाओ धोली पाल, सकल देवता दो जने।।
मखन बंधाओ धोली पाल, सकल देवता दो जने।
थारी तो जतरी ओ देवता सुसरा जी आवै।
आपके बेटे बहुआँ क साथ, सकल देवता दो जने।
थारी तो जतरी ओ देवता, जेठ जी आवै।
आपके बेटे बहुआं के साथ, सकल देवता दो जने।
थारी तो जतरी ओ देवता, भंवर जी आवै।
आपकी गोरी धन साथ, सकल देवता दो जने।
थारी तो जतरी ओ देवता, देवर आवै।
आपकी गोरी धन क साथ, सकल देवता दो जने।
ले लो नी झडूलै की जात, सकल देवता दो जने।
थारी तो जतरी ओ देवता, बेटे भी आवै।
आपकी मायड के साथ, सकल देवता दो जने।
थारी तो जतरी ओ देवता, पोते आवै।
दादी बाबा के साथ, सकल देवता दो जने।
आपकी ताई चाची के साथ, सकल देवता दो जने।
पाचूं तो पहरो देवता कपड़े।

हाथ लठोरी का साथ, सकल देवता दो जने।
हाथ लठोरी औ देवता बाँस की।
पहरा देवी नी दिन रात सकल देवता दो जाने।
जीन गलीयाँ मैं देवता थे फिरो।
बहुत बेटे सो वै रे नचीत, सकल देवता दो जने।

(२)

उगणां दिखण स, आया गांधी का।
आयेज उतरा, ठंड बढ़ तले जी।
उठ गांधी का बैठ गांधी का।
सच्चे बाट्टां से, तोलो किस्तुरी जी।
ये जी क्यांये की डान्डी।
क्यांये का तोला।
क्यांये का बांटा से, तोलै किस्तुरी जी।
ये जी सोने की डान्डी,
रूपै का तोला।
सच्चे बाट्टां से, तोले किस्तुरी जी।
ये जी कोणया न तुलाई,
कोणया न मुलाई,
सच्चे बांटां सै, तोलो किस्तुरी जी
ये जी दादसरा जी तुलाई।
सुसरा जी मुलाई।
सच्चे पितर थारै, अंग चढ़सी।
सुसरा जी तुलाई, जेठ जी मुंलाई।
सच्चे पितर थारै, अंग चढ़सी।
ये जी बड़ोड़ा तुलाई, छोटोड़ा मुलाई।
सच्चे पितर थारै, अंग चढ़सी।
नहाये तो धोये, पितर संजोखा।

ये जी छोटी सी तलाई मैं पानी हद घणा जी।
ये जी ओढ़ा तो पहरा, पितर संजोखा।
बुगच मैं कपड़ा, हद घणा जी।
ये जी चरिचा तो मान्डा, पितर सिंजोखा।
कटोरी मैं केसर, हद घणा जी।
ये जी जीमआ तो झुठया, पितर सिंजोखा।
रसोई मैं खीर, हद घणा जी।
ये जी किसयाँ रा बेटा, किसयां रा पोता।
सुगनी माता के ओदर, लोड़ीयो जी।
ये जी दादां जी रा पोता, जामी जीरा बेटा।
सुगनी माता कै ओदर, लोडीयो जी।

(३)
बर पित्तरों थारी घरवत में
अन-धन के भरे भण्डार
बर पितरों थारी घरवत मैं
बर जैसा मन तैं ध्याओगे, वैसा फल पाओगे।
मरदो करो बिनती पितरां।
बर जो मांगोगे रात नै,
थानै मिल जावै परभात।
मरदो करो विनती पितरां की।
बर पितरों थारी घरवत मैं,
नीत उठ जनमै पुत। मर्दो करो विनती पितरां की।
बर पितरों थारी घरवत मैं,
बर जैसा मनतै ध्याओगे वैसा फल पाओगे।
मरदों करो विनती पितरां की।
बर जो मांगोगे रात नै।
थानै मिल जावै प्रभात।

मरदो करो विनती पितरां की।
बर पितरों थारी घरवत मैं।
नीत उठ ब्याह रचाये।
बर पितरों थारी घरवत मैं
बर जैसा मनतै ध्याओगे वैसा फल पाओगे।
मरदो करो बिनती पितरां की।
बर जो मांगोगे रात नै।
थानै मिल जावै प्रभात,
मरदो करो विनती पितरां की।
बर पितरो थारी घरवत मैं,
धीयाँ का आवणँ, जाणँ
बर पितरों थारी घरवत मैं
ननंदा का आवणां जाणां
बर पितरों थारी घरवत मैं
बर जैसा मनतैं ध्याओगे वैसा फल पाओगे
मरदो करो बिनती पितरां की
बर जो मांगोगे रात नै।
थानै मिल जावै प्रभात।
मरदो करो बिनती पितरां की
बर पितरों थारी घरवत मैं
जमाईया का लाड़ रै चाव।
बर पितरों थारी गरबत मैं
वर जैसा मनतैं ध्याओगे, वैसा फल पाओगे।
मरदो करो बिनती पितरां की।
बर जो मांगोगे रात नै।
थानै मिल जावै प्रभात।
मरदो करो विनती पितरां की
बर पितरो थारी घरबत मैं।

गीत हनुमान जी का

ये किन जाये अर्जून पान्डे,
ये किन जाये हनुमार, हनुमार पियारे
ये दल कित रै समाये।।
कुन्ती जाये अर्जुन पान्डे
अन्जनीन जाये हनुमान, हनुमार पियारे।
ये दल कित रै समाये
कठै सै आये अर्जुन पान्डे
कठै सै आये हनुमान-हनुमान पियारे,
ये दल
पुर्व स आये अर्जुन पान्डे।
पश्चीम स आये हनुमान-हनुमान पियारे,
ये दल
कित उतरैगे अर्जुन पान्डे।
कितरै उतरगे हनुमान-हनुमान पियारे,
ये दल
बाग बगीचा अर्जुन पान्डे
मंदिर में विराजै हनुमान-हनुमान पियारे
ये दल
के नहाँवगे अर्जुन पान्डे
के नहाँवगे हनुमान-हनुमान पियारे
ये दल
कुआँ बावँड़ी अर्जुन पान्डे
समुन्द्र मैं कुदै हनुमान-हनुमान पियारे
के पहरेगें अर्जुन पान्डे
के रे पहरेगें हनुमान-हनुमान पियारे
ये दल

कचिया मल-मल अर्जुन पान्डे
लाल लँगोटा हनुमान-हनुमान पियारे
ये दल
के चीरचैगे अर्जुन पान्डे।
के रे चीरचं हनुमान-हनुमान पियारे,
ये दल
चन्दन चीरच अर्जुन पान्डे।
लाल सिन्दुर हनुमान-हनुमान पियारे,
ये दल
के जीमेगें अर्जुन पान्डे।
के रे जीमे हनुमान-हनुमान पियारे
ये दल
दाल भात तो अर्जुन पान्डे।
सरसै मलिदा हनुमान-हनुमान पियारे,
ये दल
कित बैंठेगे अर्जुन पान्डे।
कित रे बैंठेगे हनुमान-हनुमान पियारे,
ये दल
चंदन चोंकी अर्जुन पान्डे
लाल पिलंग हनुमान-हनुमान पियारे,
ये दल
के पिवंग अर्जुन पान्डे।
के रै पिवंगे हनुमान-हनुमान पियारे,
ये दल
शर्बत पीवै अर्जुन पान्डे
दूध पतासा हनुमान-हनुमान पियारे,
ये दल
कद सुमरंगे अर्जुन पान्डे।

कद रै सुमरंगे हनुमान-हनुमान पियारे,
ये दल
नीत उठ सुमरे अर्जुन पान्डे।
भीड़ पड़ी में हनुमान-हनुमान पियारे
ये दल
जैसे कारज राजा रामचन्द्र के सारे
असै म्हारे देई देवता के सार
हनुमान पियारे
ये दल
जैसे कारज राजा राम चन्द्र के सारे
जैसे कारण कश्‍्रण सार हनुमान पियारे
ये दल
जैसे कारज राजा राम चन्द्र के सारे
जैसे म्हारे गीगै के सार हनुमान पियारे
ये दल
लंका तोड़ बिलंका तोड़ी
लाए है सीया जी को जीत हनुमान पियारे
ये दल कित रै सामाये

गीत भुमिया का

भुमिया क्यांये का तेरा ओबरा,
भुमियां क्यां ये जड़े ये किवाड़,
वारी ओ भुमिया तेंरै नाम न ।।
जा तन माटी का मेरा ओबरा,
जातन चन्दण जड़े ये किवाड़।
वारी ओ भुमिया तेर नाम न।।
भुमिया क्यांये का तेरा दिवला,
भुमिया क्यांये की कहये बाती।
वारी ओ भुमिया तेंरै नाम न ।।
जात न चान्दी का मेरा दिवला,
जातन रूप की कहये बाती।
वारी ओ
भुमिया कोन सुहागन यो भर चासियो,
भुमिया जगीयो समाजल रात।
वारी ओ
भुमिया सीता सुहागण यो भार चासियो,
भुमियो जगीयो समा जल रात।
वारी ओ
भुमिया राधा सुहागण यो भर चासियो,
भुमिया जगीयो समाजल रात।
वारी ओ
भुमिया गुवाड़ै रखीयो म्हारैं बाछड़ा,
और बाछड़ीया की माँये।
वारी ओ
भुमिया छोराँ की रखीयो म्हारै बीनती,
धाया का आवण जाण।

वारी ओ
भुमिया साँई तो रखोयो म्हारै सेज मैं,
बहुआ का सरब सुहाग,
वारी ओ
भुमिया नीला सा घोड़ा हाँसण,
कौन् फिर आधी सी रात।
वारी ओ
जातन मैं हूँ भुमिया भुम का,
थारै खेड़ै की रखवाल।
बारी ओ भुमिया तेरै नाम न।।

गीत देवी रानी का

हरया-हरया गोबर पीली-पीली माटी
तो लीप चलूंगी अगंणा
भवन गढ़ ले चलो जी बलमा
गौरै-गौरै मुखड़ै पर पीली-पीली बेसर
पहरै च लुंगी बलमा
भवन गढ़ ले चलो जी बलमा
तीखे-तीखै नैणा में झीना-झीना सुरमा
तोसार चलुँगी बलमा
भवन
हरी-हरी साड़ी पर सुई-सुई चुनड़ी
तो ओड चलुँगी बलमा
भवन
गोरी-गोरी बंईया मैं हरा-हरा चुड़ला
तो पहर चलुँगी बलमा
भवन
भुरी-भुरी पीन्डी में चोड़ी-चोड़ी पायल
पहर चलुँगी बलमा
भवन
आगै-आगै बलमा पीछे-पीछे गोरी
तो गोद लीया ललना
भवन
मैया के भवन पर भीड़ हुई
तो बीछड़ गया री बलमा
भवन
सवा ऐ मण गी मैया क़रु ऐ कढ़ाई
तो जै घर आवै बलमा

भवन
स्वा ऐ तोला गा मैया छत्तर चढ़ाऊँ
तो जै घर आवै बलमा
भवन
सवा ऐ गज गी मैया ध्वजा ये चढ़ाऊँ
तो जै घर आवै बलमा
भवन गढ़ ले चलो जी बलमा
मैया ग भवन पर छीड़ हुई
तो आपे ए आए बलमा
भवन
पीछा मुड़ कै देखन लागी
तो पास खड़े री बलमा
भवन
सवा ए सेरगीं मैया करू ये कढ़ाई
तो आपे ही आए बलमा
भवन
सवा ए मासा गा मैया छत्तर चढ़ाऊँ
तो आपे ही आये बलमा
भवन
सवा ए बीलान्तगी मैया ध्वजा ये चढ़ाऊँ
तो आपे ही आये बलमा
भवन
करी ऐ कढ़ाई मेरा कुणबा खाई
तो भूल गई बामणा
भवन गढ़ ले चलो जी बलमा
छोरा बी खाई मेरी छोरीयां बी खाई
तो एक पीन्डी बामणा
भवन

गीत माता का

मेरी माता का सोणा-सोणा देवरिया
कोन चीणावै ये मां
चीणावै म्हारै दशरथ का ओ
रामचन्द्र हरकी जात पधार ये मां
मेरी माता का घी भर दिवला
कोन चसावै ये मां
चसावै म्हारी बहुआं सुहागण
हर की जात पधारै ए मां
मेरी माता की पीली-पीली बेसर
कोन घडावै ए मां
घड़ावै म्हारे नन्द जी का ओ
कश्ञण हर की जात पधारै ये मा
मेरी माता का हरा-हरा दामन सुई सुई चुन्दडी
कोन रंगावै ये मां
रंगावै म्हारै दसरथ का ओ
लक्ष्मन हरकी जात पधारै ये माँ
मेरी माता की हरी हरी चुड़ीयाँ
कोन मंढ़ावै ए मां
मढ़ावै म्हारे राम चन्द्र का ओ
गीगा राज हर की जात पधारै ये माँ
मेरी माता का सोणा सोणा विछवा
कोन घड़ावै ए माँ
घड़ावै म्हारै छोटे बड़े
हर की जात पधारे ए मां

(२)

माता यो कोण, गाड़ा जोडियो,
यो कोण धोकण जाय।
दशरथ गाड़ा जीड़ीयो
रामचन्द्र धोकण जाय
मेरी माता, झुल पालना।
माता बसन्ती, झुल पालना।

गीत गुगा का

गुगा जी थारा: गोड लिया।
कोई चरै गठीली, घा़स।
गुगा रुणझुनिया।
गुगा जी थारी, कुल बहु,
कोई रान्धै उजली खीर,
गुगा रुनझुनिया।
गुगा जी थारी छोरड़ी,
गोई गावै गुगा का गीत,
गुगा रुनझुनिया।
गुगा जी थारे छोरड़े,
कोई आवै गुगै की जात।
गुगा रुनझुनिया।
चढ़ै न चढ़ावै चुरमा,
कोई चढ़ै सिर चोटी नारियल,
गुगा रुनझुनिया।

गीत रामदेव का

कठै ये खुदाऊ हरी डाली जोड़ला,
कठै ये बधाऊँ धोली पाल।
रुणीचाँ रा राजा धोकसां
आज अजमल जीरा, छावा धोकसां।
आज बाई कणकां रा, बीरा धोकसां।
नीचे खुदादो हरी, डाली जोडला,
सिखर बंधादो, धोली पाल।
रुणीचां रा राजा धोकसां।
आज अजमल जीरा, छावा धोकसां।
आज बाई कणकां रा, बीरा धोकसा।
क्यांये भराऊ हरी डाली जोड़ला,
क्याये बंधाऊ, धोली पाल।
हरी डाली जोडला।
दूध भराओ हरी डाली जोडला।
दहीये बधाओ, धोली पाल।
हरी डाली जोडला।
मक्खन बधाओ धोली पाल।
हरी डाली जोडला।
आज रुणीचां रा, राजा धोकसां
आज अजमल जीरा, छावा धोकसां।
आज बाई कणकां बीरा, धोकसां।
चढ़ै न चढ़ावै हरी डाली चुरमा,
चढ़ै सिर चोटी नारियल।
रुणीचां रा राजा धोकसां।

(२)

आज अजमल जीरा छावा धोकसां,
आज बाई कणकां रा बीरा धोकसाँ।
कोठे तो बाजा अजमल जीरा छावा बाजिया
वारी तो जाऊँ कोठ तो गेरया है नीशान
आज अजमल जीरा छावा कुल म्हें धोकस्यां
रुणीचेता बाजा वो अजमल जीरा छावा बाजीया
वारी जाऊँ राम गढ़ गेरया है नीशान
आज अजमल जीरा छावा कुल म्हे धोकस्यां
जाती तो जाऊं सावंलिया मोटयार
आज अजमल जीरा छावा कुल म्हे धोकस्यां
जातण आवे वो अजमल जीरा छावा कुल बहु
वारी तो जाऊ गोद झडूलै पुत
आज अजमल जीरा छावा कुल म्हे धोकस्यां
चढ़े चढ़ावो थारे चुरमो और चोटयाला नारेल
आज अजमल जीरा छावा कुल म्हे धोकस्यां
सब नर आवे थाने ध्यावता
वारी तो जाऊं जाँकी थे पुरी आस
आज अजमल जीरा छावा कुल म्हे धोकस्यां

गीत बाला जी का

ससुराजी थे हो धरम का बाप जी
म्हारा थे हो धरम का मायेत जी
थारा हस्तीड़ा सीणगारो
म्हे बाला जी न धोकस्यां
कोंहरी खातर भैवड बोली है जात
बहु बोली है जात
काहेंरी खातर बाला जी नै धोकस्यो
कंवरा जी खातर म्हे तो
बोली है जात बोली है जात
चुडलै री खातर बाला जी नै धोकस्यां
जेठ जी थे हो धर्म का बाप जी
थारा आधा धन बान्टो
म्हे बाला जी न धोकस्याँ
काहेंरी खातर भैवड बोली है जात
बहु बोली है जात
काहेंरी री खातर बाजा जी नै धोकस्यो
कँवरा री खातर म्हे तो
बोली है जात बोली है जात
चुड़लै री खातर बाला जी नै धोकस्याँ
देवर म्हारा देवरिया चतुर सुजान जी
थारा कहर लीया ललकारो
म्हे बाला जी ने धोकस्यां
काहेंरी खातर भावज बोली है जात
काहेंरी खातर बाला जी न धौकस्यो
कंवरा री खातर म्हे तो
बोली है जात बोली है जात

चुड़ले री खातर बाला जी न धोकस्यां
मारुजी म्हारा सेजाँरा सिणगारां जी
भोली बाईजी रा बीरा जी
थारी मोटर जुतादो म्हे बाला नै धोकस्यां
काहेंरी खातर गोरी बोली है जात
गोरी बोली है जात
काहेंरी खातर बाला जी न धोकस्यो
कंवरा री खातर म्हे तो
बोली है जात बोली है जात
जी थारे जीवड़ारी खातर बाला जी न धोकस्यां
कहतां तो सुणतां मारुजी मोटर कदाई
म्हारै हुकमारे साटै जात पधारिया
दींनी पनामारु मठजोड री जात
जी कोई रोक रुपया बाला जीरी भेट को
दींनी बाला जी सरब सुहाग जी
कोई गोद जडूला दोन्यो गीगलो जी

जचा

जचा

गोरी गणेश मनाओ। मनाओ री बहनो
गोरी गणेश मनाओ। मनाओ री बहनो
शीश जचा के सुईया सोवे
कान जचा के कान्टे सोवे
टीके पर इत्तर लगाओ। लगाओ री बहनो
झुमकी पर इत्तर लगाओ। लगाओ री बहनो
गोरी गणेश मनाओ। मनाओ री बहनो

(२)
सीया खड़ी खड़ी पछताय लव़ कुश बन मैं हुए
जै आज होते सुसरा हमारा
देते वो थैली लुटाय लव कुश बन मैं हुए
सीया खड़ी खड़ी पछताय लव कुश बन में हुए
जै आज होती सास हमारी
देती वो थाल बजाय लव कुश बन मैं हुए
सीया
जो आज होते जेठ हमारे
देते वो थैली लुटाए लव कुश बन मैं हुए
सीया
जो आज होती जीठानी हमारी
देती वो पलंग बिछाए लव कुश बन मैं हुए
सीया
जै आज होती दिरानी हमारी
देती वो पड़दा लगाए लव कुश बन मैं हुए
सीया
जै होती ननंदी हमारी

देती वो सथिया लगाए लव क्रुश बन मैं हुए
सीया
जै आज होते देवर हमारे
देते वो बन्सी बजाय लव कुश बन मैं हुए
सीया

(३)
मचल रही नंनदिया अंगना मैं
सो राजा मेरे शीश का टीका भारी
सो राजा मेरे कान के कान्टे भारी
मांगै ननंदिया टीका भारी
मांगै ननदिया कान्टे भारी
सो गोरी मेरी मांगै सो ही दे देओ
ये शुभ दिन आता नहीं बारम्बार
मंचल रही ननंदिया अंगना मैं

(४)
जसोदा लाल अपने को,
बजा चुटकी खिलाती है।
कभी दादा कभी दादी
कभी पलना झुलाती है।
कभी ताऊ कभी ताई,
कभी पलना झुलाती है।
जसोदा लाल अपने को,
बजा चुटकी खिलाती है।

(५)

गोरे गोरे हाथों मैं मैंदी रचा के
नैनो मैं कजला डाल के
चली जचा रानी जलवा पुजन को
छोटा सा घुंघट नीकाल के
सुईया यो पहन जचा रानी
टिके को रखना सम्भाल के
पांव धीरे-धीरे रखो जचा रानी
पीले को रखना सम्भाल के
चली जचा रानी जलवा पुजन को
छोटा सा घुंघट नीकाल के

(६)

गली गली मैं लगा दो टेलीफोन,
आज म्हारै शुभ घड़ीया।
दाई आवै होलर जनावै,
माँगे अपना नेग।
दे दो दे दो जी भवंर इनका नेग।
आज म्हारै शुभ घड़ीयां।
गली गली मैं लगा दो टेलीफोन,
आज म्हारै शुभ घड़ीयाँ।

(७)

ऊंचीं हवेली, जच्चा अकेली।
पति अपने को, जगा रही है।।
उठो स्वामी जी, दाई को बुला दो।
ये पीड़ खुशीयाँ, मना रही है।।
दाई आवै, होलर जनावै।

ये पीड़ खुशीयाँ, मना रही है।।
ऊंची हवेली, जचा अकेली।
पति अपने को, जगा रही है।

फालसा

ससुरा जी आगै सात सिलाम
बहु न भावै फालसा
जीयो बहु न भावै फालसा
अन नहीं भावै जी अनाज
बहु न भावे फालसा
भैन्सा गा दुधु भावै जीतना पीऔ
कोई या रुत नहीं फालसा
जेठ जी आगै सात सिलाम
बहु न भावे फालसा
जीयो बहु न भावै फालसा
अन नहीं भावै जी अनाज
बहु न भावै फालसा
काबुल गी मेवा भावै जीतनी खाओ
कोई या रुत नहीं फालसा
देवर आगै सात सिलाम
भाभी न भावै फालसा
जीयो भाभी न भावे फालसा
अन नहीं भावै जी अनाज
भाभी न भावै भालसा
बाँगा गा नीम्बुआ भावै जीतने चुस
कोई या रुत नहीं फालसा
भँवर जी आगै सात सात सीलाम
गोरी न भावै फालसा
जीयो गोरी न भावै फालसा
अन नहीं भावै जी अनाज
गोरी न भावै फालस

आज भंवर जी चढ़ लिए घोड़ल्लै असवार
कोई साथीड़े लिन्ये साथ मैं
साथीड़ा नै तोड़े दोयर चार
भंवर जी न बान्दी पाँडगी
जीयो भंवर जी न बान्दी पांडगी
साथीडा नै तो खाये रे खिन्डाये
कोई रामचन्द्र ल्याआ आंगण बीच
कोई रामचन्द्र ल्याआ महलां बीच
भावै जीतने खाओ ए बढ़ नार
कोई बाकी के बाँट दयो
मींट्ठे तो मीट्ठे खाओ ए बढ़ नार
कोई खायया गी करो ये बखेर
थे जुग जीवो सासु जी गा पुत
कोई बाईजी गा बीर
म्हारे भले पुगाए ओजणे
थे जुग जीवओ साजनीया री धीय
कोई बन्स बढ़ाया मैरै बाप गा

भैंस

बारह वर्ज सैं आया म्हारा बाई जी
आया ए भतीज ग चाव
जी मेरा पीया ओफिस मैं जाय
आओ सासु की जाई बैठजा मेरी ननंद बाई
मन चाहे सो माँग
दुध धुलाई की मैं मोटर ल्युंगी
साथिया लगाई भुरी भैंस
केरै करोगे बाईजी मोटर गाडी
केरै करोगे भुरी भैंस
मोटर चढ़गा थारा भाणजा भाणजी
दुध पीवे मेरा श्याम
मोटर चढ़गा थारा भातिजा भतिजी
दुध पीवै थारा बीर
नही देऊं थानै मोटर गाड़ी
नहीं देऊं भुरी भैंस
टीबै ग ओल टी बड़ी सासु की जाई
ननंद बाई रूस ग जाय
आडा तो टेडा श्री राम होय रहया
रुस्योड़ीन न जान ना देऊं
मैं मांगुंगी वा नाट जावगी
तेरी मेरी हो जावगी राड़
दोय जना न आवत देखे मेरी भावज
लुकिए पिछोकड़ जाय
दे देओ ए मेरी गोरी धन दे देओ ए म्हारी जचारानी
मेरै ल्याए की लज्जा राख
कांतुगी मैं पतला पतला सुत

कात बनाऊँ रेशम डोर
आधी स बाँधु ननंद बाई का बीर
आधी स बाई जी का हाथ
ढीलो सो बान्धु बाई जी गा बीरा
कस ग बान्धु बाई जी गा हांथ
देखो ए म्हारी दौर जीठानीयां
बहनं र भाई झुले खाय
आधी सी रात पहरका तड़का
बाई जी तो गये ए तुड़ाय
पींलगां तो बैठी बाई न सासुजी पुछै
कै ल्याई भतिज ग चाव
थानै तो चाहाईए सासु जी धन दायजा
मैं तो आई मेरी जान छुड़ांये
महलां मैं जाता मारुजी बोल्या
के ल्याई भतिज ग चाव
बीरा तो मेरा लेण पधारा
भावज ग जाई कानी धीय
भावज की भावज ग धीय जनैगी
के जान ननदां की रीत
मेरी भावज ग पुत जनमा है
बाबा जी गा बन्स बधाए

बधाई

आई है फुलों की बाहार,
बधाई होवै।
पहली बधाई इसके, बाबा न होवे।
दादी ने गाये मंगला चार, बधाई होवे।
आइ है फुलों की बाहार, बधाई होवे।
दुजी बधाई इसके, ताऊ न हावै।
ताई ने गाये मंगलाचार, बधाई होवै।।
आई है
तीजी बधाई इसके, चाचा न होवे।
चाची ने गाये मंगलाचार, बधाई होवे।।
आई है
चौथी बधाई इसके, फुफा न हावै।
बुआ ने गाये मंगलाचार, बधाई होवे।।
आई है
पाँचवीं बधाई इसके, नाना को होवै।
नानी ने कीया छुछक तैयार, बधाई होवै।।
आई है
छटी बधाई इसके, मामा को होवै।
मामी ने गाये मंगलाचार, बधाई होवै।।
आई है
सातवीं बधाई इसके, बाबुल को होवै
अम्मा के छाई खुशीयाँ लाख, बधाई होवै।
आई है फुलो की बहार, बधाई होवै।

(२)

रुपैया मांगै ननदी, लाल की बधाई।
या तो रुपैया मेरे, ससुर की कमाई।
अट्ठनी लेजा ननदी, लाल की बधाई।
या तो अट्ठनी मेरे, जेठ की कमाई।
चव्वनी ले जा ननदी, लाल की बधाई
रुपैया
या तो चव्वनी मेरे देबर की कमाई।
दुव्वनी ले जा ननदी, लाल की बधाई।
रुपैया
या तो दुवनी मेरे राजा की कमाई।
इकन्नी ले जा ननदी, लाल की बधाई।
ठोंसा ले जा ननदी, लाल की बधाई।
रुपैया
यो तो ठोसा मेरै हाथों की शोभा।
धक्के लेजा ननदी, लाल की बधाई।
रुपैया मांग ननदी, लाल की बधाई।

पिलीया

दिल्ली ए शहर सै सायेबा पोत मँगा दो
कोई जचा गा पिला बैठ रंगादयो
गाढ़ा मारुजी पिला रंगा दयो
बीकानेर शहर से सायेबा
दोय मोडी बुलादयो
कोई जचा गा पिला बैठ रंगादयो
गाढ़ा मारु जी पिला रंगोदयो
थारी जोड़ी गा दोय छैल बुलादयो
कोई दे फटकार सुकादयो
गाढ़ा
रंगा ए न जाणाजचा नाम न जाणा
कोई जिस बीद रंगीयो पिला
गाढ़ा
अल्ला तो पल्ला सायेबा मोर पपहैया
कोई बीच-बीच चान्द घलादयो
गाढ़ा
पीला तो ओढ़म्हारीं जचा मुडलै पर बैठी
कोई दौर जीठानी मुख मोड़ा
गाढ़ा
कोई सास ननद मुख मोड़ा
गाढ़ा
थे म्हारी दौर जीठानी क्युँ मुख मोडा
पिला मेरै पिवरीय सुयुँ आया
गाढ़ा
थे म्हारी सासु ननदी क्युं मुख मोडा
पिला मेरी मां गा जाया ल्याआ

गाढ़ा
पिला तो ओढ़ म्हारी जचा पानी न चाली
पिला तो सारा ही शहर सहराया
गाढ़ा आरुजी पिला रंगा दयो
पिला तो ओढ़ म्हारी जचा मँहल पधारी
कोई लाल पड़ोसन नजर लगाई
गाढ़ा
आंख ना खोल ए जचा मुख सै ना बोलै
कोई जचा गा राजन बिलख्या डोल
गाढ़ा
दिल्ली ए शहर सै सायेबा बैद्य बुलादयो
कोई जचागी नबज दिखा दयो
गाढ़ा
नाड़ी-नाड़ी पर बैधन का रोक रुपैया
कोई नबज दिखाई मोहर हजाराँ
गाढ़ा
थारै चढ़ण गा सायेबा घोड़ला भी बक्सो
म्हारै ओढ़ण गी सेला साड़ी
गाढ़ा
आँख भी खोलै ए जचा मुखसै भी बोलै
कोई जचा गा राजन खिलता डोलै
गाढ़ा
तँ तो बैद्यन का बेटा बहोत ठगौरा
मेरा भोला साा राजन ठग लीन्या
गाढ़ा
तँ तो साजनिया गी नाई बहोत ठगोरी
कोई ठग ठग बैद्य बुलाया
गाढ़ा

मैं तो मेरै मारुजी का मनड़ा भी देखूँ
कोई प्यारी हूँ कै दुपारी
गाढ़ा
तँ तो म्हारी जचा राणी बहोत प्यारी
कोई होलर जाँया बहोत प्यारी
गाढ़ा मारुजी पिला रंगादयौ
कोई सेज चढ़न्ती बहोत प्यारी
गाढ़ा मारुजी पीला रँगादयो

पिपली

गँवाड़ बीचालै पीपली ललना
लैला जी जैकाँ है ओड़ा चोड़ा पान
प्यारी लाग्य पीपली ललना
एक पान ज़चा तोड़ीयो ललना
लैला जी चोय चोय पड़ी ए मजीट
प्यारी लागै पीपली ललना
लैला जी जें तल कुन्ड़ा माडियो ललना
भरियो हाबल खाल
प्यारी लाग्य पीपली ललना
लैला जी जैमै जचा गा पीला डोबियो ललना
लैला जी जैम पड़ीएघे वरीय री भान
प्यारी लागै पीपली ललना
लैला जी जैंम गीगे गी टोपी डोबियो ललना
लैला जी पड़ी ए पैतासै री भान
लैला जी पड़ी ए सिंघोड़ा री भान
प्यारी लाग्य पीपली ललना
ओढ़ पहर जचा नीसरी ललना
लैला जी गई गई तख्त बजार
प्यारी लाग्य पीपली ललना
लैला जी लोग माहाजन न्यूं कहवै ललना
या कोण साहायेब धण जाए
प्यारी लाग्य पीपली ललना
लैला जी सुसरा साहेब घर कुल बहु ललना
लैला जी बढ़ ए साजनीय री धीय
प्यारी लाग्य पीपली ललना
राजा साहेब घर गोरड़ी ललना

लैला जी बालक होलरय गी माँय
प्यारी लाग्य पीपली ललना
राजा गी रानी न्यूँ कहंवै ललना
थे सब सुणो मेरी बहनो
जचा सुँयू बनस्याँ म्हे बहन
थे सब सुणो मेरी दौर जीठानी
जचा सुंयू बणस्याँ म्हे बहन
प्यारी लाग्य पीपली ललना
नीत उठ जनम गी पुत
प्यारी लाग्य पीपली ललना

घुघरी

सुती धण सुख भर नींद
सुपनै मैं बान्टी घुघरी
जी म्हार राज
थे तो धण म्हारी असलै गँवार
बीन जाँया क्याँगी घुघरी
जी म्हार राज
धण न लाग्या पहला दुजा मास
कोई फूल झड़ी जीव जाईयो
जी
धण नै लाग्या अगमा चोथा मास
कोई खाटै मीठै मन जाईयो
जी
धणन लाग्या पाचँवा छटा मास
कोई मेवा मिश्री मन जाईयो
जी
धण नै लाग्या सातँवा-आठँवां मास
कोई गुन्द गीरी मन जाईयो
जी
धण लाग्या नोवा पुरे मास
कोई होलरिया शब्द सुनाइयो
जी
ढोल म्हारा घुघरली रँधाये
चणा गा ऊपर टोटला
जी
हरे हरे बांसा गा छाबड़ला मँगाए
कोई हरीये दरयाई का नातणा

जी
ढोला नाईक न बेग बुलाये
म्हारी नगर बंटादयो घुघरी
जी
आओ नाई का बैठो म्हारै पास
म्हारी इसबीद बान्टो घुघरी
जी
जाईयो जाईयो नाई का उरलै परलै बास
कोई जेठ बड़गी पोल
म्हारै देवर छोट गी पोल
म्हारी दुणी डेडी बावड़
जी
बाई ग मतना धालियो
जी
बान्टी बान्टी नाईक न उरलै परलै बास
कोई जेठ बड़गी पोल
देवर छोट गी पोल
बाई घर झाड़ा टोकरा
जी
आओ नाई का बैठो म्हारै पास
म्हारी किस बीद बान्टी घूघरी
जी
बान्टी बान्टी ए जचा रानी उरलै परलै बास
थारै जेठ बडगी पोल
थारै देवर छोटगी पोल
बाई घर झाढ़ा टोकरा
जी
सुण ग धण इतनी सी बात

वा टग टग महलाँ चढ़ गई
जी
सोगी धण चादर ताँण
होलर न दुधा ना प्यावै
जी
बाहर स आया गोरी का भरतार
आज म्हारी जचा ऊगमणी क्यु सुती
जी
थारा नाईका असल गंवार
म्हारी बांट न जाणा घुघरी
जी
उठो ए धण होलरया चुगाँये
थारी पाछी मंगाऊ घुघरी
जी
चढ़ा बीरा मेरा ढलती सी रात
बाई घर सुरज उगाइयो
जी
देखूं थी रे बीरा नाई क गी ब्राट
बीरअगा आवण क्युं होया
जी
थारी भावज ओछा घर गी धीय
वा पाछी मंगावै घुघरी
जी
धीरे रे बीरा धीरे धीरे बोल
म्हारी सासु ननंदा सह सुणं
म्हारी दौर जीठानी सह सुणँ
जी
तँ तो रे बीरा घरन पाछा चाल

थारी पाछी ल्याउ घुघरी
जी
सोन चान्दी गी घुघरली घड़ाये
कोई मोल्या गा ऊमर टोटला
जी
लीहनी बाई नै सासु ननंदा साथ
कोई दौर जीठानी साथ
गीतेरण लीनी डेडसो अँग्रेजी बाजा साथ मैं
जी
ऊब्री भावज कमरै ग बीच
नँनदी गा दल देखा आवंता
जी
थे तो ए भावज नीच उत्तर आओ
थारी पाछी ल्याई घुघरी
जी
म्हारी बाई जी दुख है आँख
थारी नगर सहराई घुघरी
जी
थारा ए भावज दो कोड़ी का अनाज
मैं तो हजारा गी ल्याई घुघरी
जी
थे तो ए भावज ओछ घर गी धीय
कोई पाछी मँगाई घुघरी
जी
म्हे हाँ ए भावज साहा पुरजा घर नार
थारी गावत ल्याई घुघरी
बजावत ल्याई घुघरी
जी

बीरा मेरा तील गडली गा राज
भावज कोलै छिपकली
जी
बैंठ बीरा मेरा तख्त बिछाये
कोई पन्चा मैं न्याव चुकाईयो
बीरगी नीची थे करी
जी म्हार राज

(२)
हरे-हरे बांस का छाबड़ला मंगायैं।
कोई हरीये दरयाई का न्यातणा,
जी म्हारा राज
कोई उसमैं झरादो घुघरी,
जी म्हारा राज।
डोला नाई बेटा बेग बुलाये,
कोई नगर बटांदो घुघरी,
जी म्हारा राज।
जाईयो-जाईयो नाईका उरलै-परलै बास,
कोई जेठ बड़ै की पोल,
म्हारी दुनौ होके बावड़,
जी म्हारा राज।
नाइकैं बेटा पास बुलाये,
म्हारी किस बीद बांटी घुघरी,
जी म्हारा राज।
बान्टी-बान्टी उरलै-परलै बास,
कोई जेठ बड़ की पोल।
बाई घर झाड़ा टोकरा,

जी म्हारा राज।
सुणाक धण इतनी सी बात,
वा टग-टग म्हला चढ़ गई,
जी म्हारा राज।
सोगी धण चादर तांण,
होलर दुधा ना प्याब,
जी म्हारा राज।
बाहार सै आया, धण का भरतार,
कोई हंस पूछै बात
जी म्हारा राज।
के धण थानै, दीनी हैं गाल,
के थानै बोल्या बोलणां,
जी म्हारा राज।
ना ढोला म्हानै दिहनी हैं गाल,
ना म्हान दिया ओलमा,
जी म्हारा राज।
ढोला नाई बेटा, बहोत खराब,
म्हारी बांट न जाणां घुघरी,
जी म्हारा राज।
बांटी-बांटी उरलै-परलै बास,
जेठ बड़ की पोल।
बाई घर झाड़ा टोकरा,
जी म्हारा राज।
उठो घण होलर न दुधा प्याये,
ये थारी पाछी मंगाऊ घुघरी,
जी म्हारा राज।
उठा-उठा ढोला आधी-सी रात।
बाई घर दीप उजालिया,

जी म्हारा राज।
बाई थारी भावज, ओछा घर की धीय,
वा पाछी मगांव घुघरी,
जी म्हारा राज।
धीरै रे बीरा धीरै-धीरै बोल,
म्हारी दौर जीठाणि सह सुनै,
जी म्हारा राज।
तं तो रे बीरा, घर नै पाछा जाये,
मैं थारी जोड़ सै ल्यांऊ घुघरी,
जी म्हारा राज।
सुत्या ढोला म्हारा चादर ताण।
कोई मुख पर पल्ला गेरकै,
जी म्हारा राज।
टग-टग गोरी धन महलां मैं जाय,
सुत्या तो राजन ठा लीया,
जी म्हारा राज।
ढोला मेरी भावज, छोछा घर की धीये।
वा पाछी मगावै घुघरी,
जी म्हारा राज।
उसका ये गोरी धन, दो कोड़ी का दान,
मैं थान सोने चान्दी ल्यादूँ घुघरी,
जी म्हारा राज।
ढोला ये दो जोड़े है हाथ,
आंगणा में जाकै ना कहयो,
जी म्हारा राज।
म्हारी दो जीठाणि बोल मारै,
महारी सासु ननदां बोल मारै,
जी म्हारा।

थे तो ये गारी धन होल्यो नी तैय्यार,
कोई आज सवेरा चाल सां,
जी म्हारा राज।
उठा-उठा ढोला आधी सी रात
कोई दीप ऊजाला सोंरग सागर,
जी म्हारा राज।
भाभी नाई बेटान, बेगी बुलाये।
थारी दौ जीठाणि बुलाईयो,
जी म्हारा राज।
उठो से भाभी, पाट्ट पर बैठ।
थारी झोली में घालूं घुंघरी,
जी म्हारा राज।
लीना नखरो न पल्ला ये पसार।
पलकां का घुंघट काडीयो,
जी म्हारा राज।
के भाभी थारीं दुख हैं आंख।
के मेरा गोद भतीजा रोवणां,
जी म्हारा राज।
ना बाई जी मेरी, दुख है आंख।
थारा गोद भतिजा रोव सारी रातन,
जी म्हारा राज।
थारा ऐ तो भावज, दो कोडी का दान।
मैं सोना चांदी की ल्याई घुघंरी,
जी म्हारा राज।
तो ऐ भाभी भेजी नाई क कै हाथ।
थे तो जोड़ त ल्याई घुघरी,
जी म्हारा राज।
थे तो ये भाभी, ओछ घर घीये।

कोई ओछे-ओछे पुकारियो,
जी म्हारा राज।
मैं हुं ऐ भाभी सा, पुरसां घर नार।
थारी गावत ल्याई घुघरी,
थारी बजाबत ल्याई घुघरी,
जी म्हारा राज।

सुन्ठ

कठै सैं सुन्ठ कठै सैं आया जीरा
कठै सैं आयो ये भोली बाईजी थारा बीरा
जयपुर से आई सुन्ठ दिल्ली सैं आया जीरा
काशी सैं आया ऐ भोली भावज म्हारा बीरा
या क्या मैं आई सुन्ठ तो क्या मैं आया जीरा
यो क्या मैं आया ऐ भोली बाई जी थारा बीरा
या ऊंटा मैं आई सुन्ठ यो गाडा मैं आया जीरा
रेलां मैं आया ऐ भोली भावज म्हारा बीरा
या क्या मैं चाहिए सुन्ठ यो क्या मैं चाहिए जीरा
यो मैं क्या चाहिए ये भोली बाई जी थारा बीरा
या जापै मैं चाहिए सुन्ठ सागां चाहिए जीरा
यो सेजां मैं चाहिए ये भोली भावज म्हारा बीरा
या खिण्ड गई सुन्ठ बिखर गया जीरा
यो रूस गया ए भोली भावज म्हारा बीरा
या चुग लेवां सुन्ठ पिछोड़ लेवां जीरा
योमनाए लेंवा ऐ भोली बाईजी थारा बीरा

पोमचा

ये तो नंनद भुजाई दोनूं काततती
ये तो करै थी मन तन की बात
रसीया भवंर हठ माँगे ननंद बाई पोमचा
इबक भाभी थारै जनमगा गीगला
लेस्या म्हे पोमचा रो भेस
रसीया भवंर हठ माग्यो ननंद बाई पोमचा
बाई जी म्हारै जनमगा गिगला
देवाँ थानै पोमचा रो भेस
रसीया
यो नावा मासज लागयो
होलर शबद सुनाय
रसीया
भाभी इब थारै जनमा है गीगला
देदेओ म्हान पोमचा रो भेस
रसीया
म्हारी सुसरा जी आगै बीनती
म्हारी सासु जी आगै बीनती
थारी धीयड़ न ल्यो समझाये
रसीया
थे तो देदे ओ बहु म्हारी पोमचा
थारै जनमा है लाडन पुत
रसीया
म्हारी जेठ जी आगै बीनती
थारी बहनड़ न ल्यो समझाय
रसीया
थे तो देदे ओ बहु म्हारी पोमचाा

थारै जनमा है लाडन पुत
रसीया
बाई आई भतिजै ग चाव
रसीया
म्हारी देवर आगै बीनती
थारी बहनड़ न ल्यो समझाये
रसीया
थे तो देदे ओ भावज म्हारी पोमचा
थारै जायो है लाडन पुत
बाई आई भतीजै ग चाव
रसीया
म्हारी जाठानी आगै बिनती
थारी ननदल न ल्यो समझाये
रसीया
थे तो दे दयो दोरानी म्हारी पोमचा
थारै जनमा है लाडन पुत
रसीया
बाई आई भतीजै ग चाव
रसीया
महरी दोरानी आगै बीनती
थारी ननदल न ल्यो समझाये
रसीया
थे तो ना दयो जीठानी म्हारी पोमचा
बाई जी न पड़जगी बाणं कुबाणं
रसोया
आपां नीत उठ जनमागे पुत
रसीया
म्हारी मारुजी आगै बीनती

थारी बहनड़ न ल्यो समझाये
रसीया
थे तो देदयो ए गोरी म्हारी पोमचा
बाई आई भतीजै ग चाव
रसीया
थे तो लेलेआ बाई जी म्हारी पोमचा
फेर मत आइयो म्हारै द्वार
रसीया
म्हे आवाँ भाभी बाप ग
भाभी थारै डगर लात
रसीया
जद भाभी थे पुत जनोगी
आवाँ बीर गी पोल
रसीया
म्हार आगणं खुन्टा कैर का
मैं रेशम बंटाई डोर
रसीया
मैं तो कसगै बान्दी बाई जी
ढीला बाई जी गा बीर
रसीया
थे तो आओ ए लुगायो म्हारी देख ल्यो
ये बहनै र भाई झुले खाये
रसीया
ये तो रीम-झीम रीम-झीम बरस म्हें
म्हारै आगणं माचा कीच
रसीया
बाई जी भाग खुन्टा भाड़
टूटे बतीसू दाँत

रसीया
थे तो आओ ये लुगायो म्हारी देख ल्यो
बाई जी चाबै नागर पान
रसीया
मै तो घाई ये भोजाई थारा पोमचा
मैं तो चाली दाँत तुड़ाय
रसीया
आगै सासु ननदाँ पुछीयो
म्हारी दोर जीठानी पुछीयो
के ल्याई भतीजै ग चाव
रसीया
थानै तो सुझ देना र लेना
मैं तो आई मेरी जान छुटाय
रसीया भवंर हठ माँग ननंद बाई पोमचा

झुझना

ये बड़ी दुर से आया है मुन्ने का झुझना
दादी ने फरमायश भेजी
बाबा जी ने लैटर लिखा
ये वी पी होकर आया है मुन्ने का झुझनना
ये रेलो रेलो आया है मुन्ने का झुझना
ये हवाई जहाज से आया है मुन्ने का झुझना
ये बड़ी दुर से आया है मुन्ने का झुझना
ताई ने फरमायश भेजी
ताऊ ने लैटर लीखा

गीगा

वा तो महलाँ मैं सुती बाई न सुपना भी आया जी
मेरै बाबुल घर आनन्द हुए
मेरै बीराँ घर आनन्द हुए
गुलजार न निरखण भुआ आई
वा तो उठ सवेरी सोनी ग चाली जी
सोनी कड़े कडूले घड़दे मेरै भतिजै क ताँई
गुलजार न निरगण भुआ आई
वा तो उठ सवेरी खाती क चाली
खाती लटू रेडू घड़दे मेरै भतिजै ग ताँई
गुलजार
वा उठ सवेरी बाई दर्जी ग चाली
दर्जी झुगला टीपी करदे मेरै भतिजै ग ताँई
गुलजार
वा तो उठ सवेरी बाई हलवाई ग चाली
हलवाई लड्डू पेड़ा करदे मेरै भतिजै ग ताई
गुलजार
वा तो उठ सवेरी सासु जी पा चली
सासु मैन्दी मंडादो मैं पीहर जाऊंगी
गुलजार
वा तो पोली म जाँता बाई गी भावी मिलगी
बाईजी थे क्यु आया म्हारै धीय धनेरी
गुलजार
वा तो चार टंका का बाई झुगला टोपी ल्याई
म्हारै पेटी माँला कपड़ा बाई ठगन आई
गुलजार
वा तो चार टंका गा बाई कड़े कडूले ल्याई

म्हारा डब्बा माँला गहना बाई ठगन आई
गुलजार नीरखण भुआ आई
वा तो चार टंका गा बाई लटू रेडू ल्याई
म्हारै कवंर लाल के खिलौने ठगन आई
गुलजार
वा तो चार टंका गा बाई लडू पेड़ो ल्याई
म्हारा गुन्द सुन्ठ के लडू बाई ठगन आई
गुलजार नीरखण भुआ आई

(२)
गीगै की दादी न्यु कहवै,
तुम करो दिसोठन भारी।
गीगै की ताई न्यु कहवै,
तुम करो दिसोठन भारी।।
गीगै के दादा न्यु कहवै,
गीगा के हुन्डी लाया।
गीगै के ताऊ न्यु कहवै,
गीगा के हुन्डी लाया।।
हाथो से नंगा आया,
पैरों से नंगा आया।
हाथा की मुठी भीच कै
सिर पर लटूरे लाला।
गीगै की अम्मा न्यु कहवै,
तुम करो दिसोठन भारी।

(३)

उब्र घड़ी शुभ घड़ी, उस दिन जानूंगी।
आज म्हारा गीगला दादा जी, कह बतलावगा।
आज म्हारा गीगला ताऊ जी, कह बतलावगा।
दादा कह बतलावगा, दादी के मन भावैगा।
ताऊ कह बतलाबगा, ताई क मन भावैगा।
हाथ मैं कटोरी गीगा, दुधु पीता आवैगा।
पैरां मैं पंजनिया रे गीगा, छमक-छमक आवैगा।
उब्र घड़ी शुभ घड़ी, उस दिन जानूंगी।

(४)

सेरै मोती वारु री गीगै पर
सेर मोती गीगै के बाबा वारै
सेर मोती गीगै के ताऊ वारै
दादी तो वारै भर-भर झोली री गीगै पर
ताई तो वारै भर-भर झोली री गीगै पर
सेर मोती वारु री गीगै पर

(५)

गीगा तो होया प्रभात,
गीगा तो म्हारा, घुन्टी मांगै जी राज।
आवण दे रे गीगा तेरी दादी न,
तनै घुन्टी दिवा दूं जी राज।
एक घुन्टी दूजा दुध।
तीजा तो तनै नीपल दिवादुँ जी राज।
गीगा तो होया प्रभात।
गीगा तो म्हारा, झुगला माँगै जी राज।

आवण दे रे गीगा तेरी भुआ न,
तनै झुगला दिवादुं जी राज।
एक झुगला, दुजा तनीया।
तीजा तो तनै टोपी, दिवादुं जी राज।
गीगा तो होया प्रभात।
गीगा तो म्हारा, डोरा माँगै जी राज।
आवण दे रे गीगा तेरै फुफा न,
तनै डोरा, दिवादु जी राज।
एक डोरा, दुजा अंगुठी,
तीजा तो तनै घड़ियाँ दिवादूं जी राज।
गीगा तो होया प्रभात।
गीगा तो म्हारा बनड़ी माँगै जी राज।
आवण दे रे गीगा तेरै मामा न।
तनै बनड़ी दिवादुं जी राज।
एक नानी, दुजा मामी,
तीजा तो तनै मोसी दिवादु जी राज।

पालना

मैं वेदन मैं सुण आई, कान्है का पलना।
मैं गोकल में सुण आई, कान्हे का पलना।
मैंने मथुरा में देखा, कान्है का पलना।
मैंने बिन्द्रा बन में देखा, कान्है का पलना।
किसन मुलाया ये पलना,
किसनै लगाई रेशम डोरी, कान्है का पलना।
दादा जी मुलावै ए सखीयों, कान्है का पलना
ताऊ मुलावै ये सखीयों, कान्हे का पलना।
दादी लगाई रेशम डोरी, कान्है का पलना।
ताई लगाई रशम डोरी, कान्है का पलना।
बुआ झुलावै ललना, कान्है का पलना।
मैं वेदन में सुन आई, कान्है का पलना।

(२)
झुलो-झुलो रे बिरज के, कन्हैया पलना।
तेरे दादा मुलावै, सोने का पलना।
तेरे ताऊ मुलावै, सोने का पलना।
तेरी दादी झुलावै, तु झुल ललना।
तेरी ताई झुलावै, तु झुल ललना।
झुलो-झुलो रे बीरज के, कन्हैया पालना।

लगन

गीत लगन का

चन्दन चोंकी बैठी म्हारी लाडो
केश रही छिटकाए

लाडो के बाबा न्यूँ उठ बोले
केशै सम्भालों मेरी लाडो
लाडो के ताऊ न्यूँ उठ बोले
केशै सम्भालों मेरी लाडो
अब क्या केश सम्भांलू मेरे बाबा
होई ए धरम की रात
अब क्या कश सम्भालू मेरे ताऊ
होई ए धरम की रात
चन्दन चोकी बैठी मेरी लाडो
केश रही छिटकाए

(२)
तेरे दादां जी ग चार हवेली
चांरु तो जगमग हो रही
पहली हवेली मैं लाडो जन्म लिया था
दुजी मैं हवन कराईयो
तीजी हवेली लाडो लगन लीख्या था
चोथी मैं वेदी रचाईयो
तेरे ताऊ जी ग चार हवेली
चांरू तो जग मग हो रही

(३)
बनड़ी थारैं दादा जी न कहयो,
बनड़ी थारै ताऊ जी न कहयो,
लगन लीखावै ये राया की।
बनड़ा म्हारै सै कयो ऐ ना ज़ासी,
थेई लिख भेजो ऐ राया की।

बनड़ी थारै आखाँ रा कोईया,
सच्चे मोती पोया ए राया की।
बनड़ी थार हाथा की रै हथेली
वा भी फूट सुहाली ए राया की
बनड़ी थारै गोजे मैं गुड़ धानी
वा भी मेवा मिसरी ए राया की
बनड़ी थारी जीबड़ली रतनाली
बोलै इर्मत वाणी ए राया की
बनड़ी थारै जामी जी न कहयो
बनड़ी थारै चाचाजी न कहयो
लगन लिखावै ए राया की
बनड़ा म्हार सै कयो ए ना जासी
थेई लिख भेजो ए राया की
बनड़ी थारै आखां रा कोईया
सच्चे मोती पोया ए राया की
बनड़ी थारै हाथा की रै हथेली
वा भी फूट सुहाली ए राया की
बनड़ी थारै गोजे मैं गुड़ धानी
वा भी मेवा मिसरी ए राया की
बनड़ी थारी जीबड़ली रतनाली
बोलै इर्मत वाणी ए राया की
बनड़ी थारै बीरा जी न कहयो
बनड़ी थारै मामाजी न कयो
जान जिमावै ए राया की
भात सिंजोवै ए राया की
बनड़ा म्हार सै कयो ए ना जासी
थेई लिख भेजो ए राया की
बनड़ी थारै आखाँ रा कोईया

सच्चो मोती पोया ए राया की
बनड़ी थारै हाथा की र हथेली
वा भी फूट सुहाली ए राया की
बनड़ी थारै गोजे मैं गुड़ धानी
वा भी मेवा मिसरी ए राया की
बनड़ी थारी जीबड़ली रतनाली
बोलै इर्मत वाणी ए राया की
बनड़ी थारै फूफाजी न कयो
झूठ उठाव ए राया की
बनड़ी थारै जीजाजी न कयो
बागड़ बुहारै ए राया की
बनड़ा म्हार सै कयो
...इर्मत वाणी ए राया की

बनी

बनी

गोरी गणेश मनाओ।
मनाओ री बहनो
गोरी गणेश मनाओ।
मनाओ री बहनो
शीश बनी के टीका सोवे
कान बनी के कान्टे सोवे
सुईयाँ पर इत्तर लगाओ।
लगाओ री बहनो
झुमकी पर इत्तर लगाओ।
लगाओ री बहनो
गोरी गणेश मनाओ।
मनाओ री बहनो।

(२)
एक फुल खिल्या आधी रात बने पकड़या हाथ
बनी तो हमारी है।
छोड़ो-छोड़ो बना जी मेरा हाथ अभी तो कुंवारी हुं
मेरे बाबा जी देंगे कन्यादान वो देंगे माहादान
तभी तो तुम्हारी हुं
मेरे ताऊजी देंगे कन्या दान वो देंगे माहादान
तभी तो तुम्हारी हुं
एक फुल खिल्या आधी रात बने ने पकडया हाथ
बनी तो हमारी है।

(३)

छोटी सी लाडो म्हारै आगणां मैं, गुड़िया खेलै,
दादाजी आवै उनसै न्यूं कहवै, मेरी शादी कर दो,
बना दिला दो फैसनदार,
बनी मेरी हँसती बोलै।
बनी कै कमरै अन्दर रेड़ीयो, अंग्रेजी बोलै।
बोली तो बोलै बीकानेर की, जानूं मैना बोलै।
छोटी सी लाडो म्हारै आंगणा मैं, गुड़िया खेलै।
ताऊजी आवै उनसै न्यूं कहवै, मेरी शादी कर दो।

(४)

सुनयो बाबा जी बाई की बिनती
सुनयो मन चित्त लाय
सच्चे मोत्या स मांडा छाईयो
तड़कै आवैगी बरात
हीरे मोत्या स मांडा छाईयो
तड़कै आवैगी बारात
जेठ घोड़ा सुसरा पालकी
देवर बगियां ग मांहये
आज बना हंसता चढ़या
जैं पर चवैर दुलाय
सासु का ढोला आवे ढलकता
ननदल राज कवांर
दौर जिठानी रो तायफो
नाचै तख्त छालाय

(५)

आगै आगै बैन्ड बाज़ा, पीछै मोटर कार है।
रोवै मत प्यारी बनी, बना तेरे साथ है।
तेरे दादा छोड़ चली, मेरे दादा साथ है।
तेरे ताऊ छोड़ चली, मेरे ताऊ साथ है।
रोवै मत प्यारी बनी, बना तेरे साथ है।
आगै-आगै बैन्ड बाजा, पिछै मोटर-कार है।
रोवै मत प्यारी बनी, बना तेरे साथ है।

(६)

बनी मत कर सोच मनों में,
साजन घर जाना होगा।
बहाँ दादा होंगे ना दादी,
बहाँ ताऊ होंगे ना ताई,
वहां देश पराया होगा।
सब अपनी अपनी कहेंगे,
तेरी ना कोई सुनेगा।
आँखों से नीर बहेगा,
आंचल से पोंछना होगा।
बनी मत कर सोच मनों में,

लाडो

लाडो पुछा दादी न ए दादी
मैं किस मींस देखण जाऊँ
रंगीले आ उत्तरे बांगा मैं
हाथ छबड़िया फुलाँ गी ए लाडो
मालनिया बन कर जावो
रंगीले आ उत्तरे बाँगा मैं
काची काची कलियाँ तोडू थी बाँगा मैं
मैं उलझ पड़ी घूंघट मैं
मुखड़ा देख गये बांगा मैं
बोल गये बतलाए गये बाँगा मैं
म्हारी साहावै चढ़ी लाडो कै
नजर लगा ऐ गये बाँगा मै
म्हारी तेल चढ़ी लाडो कै
नजर लगा ऐ गये बाँगा मैं

(२)
लाडो दुर खेलण मत जाय,
साजन आज आवँगे।
मैं तो खेलू थी दादा जी गोद,
साजन कैसे आवँगे।
लाडो गिरद उड़ आसमान,
हाथी कै होंद आवंगे।

(३)
फुलड़े तो बीणत चली, म्हारी लाडलड़ी
दादा की ओ, फुल क्यारियाँ।

ताऊ की ओ, फुल क्यारियाँ।
एक फुल बीणा ऐ लाडो,
दो फुल बीणे, तीजै तो भरीये चगेरीयां।
चोथै तो मिलगा लाडो, साजन का जाया।
लेइये दुपट की छाँइयाँ।
एक तो सुण-सुण ओ, नखरो का जाया,
हम है रत्तन कवांरीयाँ।
एक रत्तन कवारी ए लाडो, बड परवारी,
रूप घणा गुण आगली।
एक रत्तन कवांरी ये लाडो, भ़ाईया की प्यारी,
रूप घणा गुण आगली।

सुहाग

सुहाग माँगण, दादाँ पा गई।
सुहाग माँगण, ताऊ पा गई।
दादी भर दयो नी, माँग सिंदुर।
सुहाग म्हानै, थे ही दयोगी जी।
ताई भरदयो, नी मांग सिन्दुर।
सुहाग म्हानै, थे ही दयोगी जी।
लाडो हथ मैंहन्दा, बैईयाँ चुड़ा, सिस डोरा जी।
लाडो भरदाँगे, मांग सिन्दुर।
सुहाग थानै, राम देगा जी।
सुहाग माँगण, जामी पा गई।

(२)
सुहाग मांगण गई, दादा जी कै आगै।
सुहाग मांगण गई, ताऊ जी कै आगै।

दादा जी देवो नी सुहाग,
ताऊ जी देवो नी सुहाग,
आली भोली न सुहाग,
रत्तन कवांरी न सुहाग।
बड़ परवारी न सुहाग।
भाईया प्यारी न सुहाग।
ये माँ मैं क्या जानु,
कामण ऐसा गोड़ लाग्या।
लाग्या-लाग्या ओराईबर,
मैंण मगीठी सह गुण लाग्या।
काजल टीकी सह गुण लाग्या।
इन्दली बीन्दली सह गुण लाग्या
बाई थारा बनड़ा है नादान,
छड़ीयाँ खेलैगा चोगाण।
ऐ माँ मैं क्या जानू,
कामण ऐसा गोड़ लाग्या।
सुहाग मांगण गई, जामी जी कै आगै।

(३)
बनड़ा तो पुछै ऐ बनड़ी लाडली।
हांये बनी किस गुण लम्बा, थारा केश
सुहाग दार बीड़ला।
मायड़ नुहाई कच्चा दुध स।
हांवो राईबर इस गुण,
लम्बे म्हारे केस, सुहाग दार बीड़ला
बनड़ा
हाँये बनी किस गुण,
मोटे थारे नैन, सुहाग दार बीड़ला।

सुरमा तो सारया बेकानेर का।
हांवो राईबर इस गुण
तीखे म्हारे नैन, सुहाग दार बीड़ला।
बनड़ा तो
हांये बनी किस गुण,
धोले थारे दाँत, सुहाग दार बीड़ला।
मायड़ चबाया काच्चा खोपरा,
हाँवो बना इस गुण,
धोले म्हारे दाँत, सुहाग दार बीड़ला।
बनड़ा
हांये बनी किस गुण,
गोरा थारा गात, सुहाग दार बीड़ला।
केसर तो मसली, महँग मोल की।
हांवो राईबर इस गुण।
गोरा म्हारा गात, सुहाग दार बीड़ला।
बनड़ा
हाँये बनी किस गुण,
पाया भरतार, सुहाग दार बीड़ला।
बरत करया था, करवा चोथ का।
हाँवो बना इस गुण
पाया भरतार, सुहाग दार बीड़ला
बनड़ी तो पुछैये बनड़ा लाडला,
हांवो बना किस गुण,
पाई बढ़ नार, सुहाग दार बीड़ला।
बरत करया था, महादेव का,
हाँये बनी इस गुण,
पाई बढ़ नार, सुहाग दार बीड़ला।

(४)

दादा बोई री, दादा बोई री, सुहागां री क्यांरी।
ताऊ बाई री, ताऊ बोई री, सुहागां री क्यांरी।
दादी सिंचै ए, दादी सिंचै ए, लोटा भर झारी।
ताई सिंचै ए, ताई सिंचै ए, लोटा भर झारी।
अगर रहीयो ए, अगर रहीयो ए, लाडो थारी जोड़ी।
सदा थीर रहयो ए, सदा थीर रहीयो ए, लाडो थारी जोड़ी।
जामी बोरी री, जामी बोई री, सुहागाँ री क्यारी।

गीत हलदात का

हल-दल हल-दल, हलदी की गाँठ
म्हारै सुभद्रा कै हाथ।
म्हारै कश्अण कै कोलै, सथिया लिख धरो जी।

(२)
एक ऊँखल मोरा मुसल डोरा,
डोरा म्हारै लाडलड कै हाथ।
एक छाज डोरा खारी डोरा,
डोरा म्हारै सात सुहागना।

दोहा

थापा-थापा क्या करो जामी जी,
थापा दुंगी जी चीत।
मोहराँ लुंगी डेडसौ,
रती ये ना लेऊँ,
ये आज दिन नीत नया जी कम

गीत बान का

यो रहगयो आँगण तेरा पंडीत चढ़ावै
इनकै हाथां मैं मुन्दड़ा साहायेंब कै हद बणा जी
थे जुग जीवो म्हारा पंडित लकेसरी जी
यो रहगयो आंगण तेरा जामी चढ़ावै
इनकै हाथां मैं मुन्दड़ा साहायेब कै हद बणा जी
थे जुग जीवो मेरा जामी लकेसरी जी
यो रहगयो आँगणा तेरी अम्मा चढ़ावै
इनकै हाथाँ मैं चुड़ला सुहागण खुबह रहया जी
इनकै हाथ मैं मैंहन्दी सुहागन रच रही जी
इनकै नैना मैं सुरमा सुहागन घुल रहया जी
थे जुग जीवो मेरा जामी लकेसरी जी।

(२)
सुण-सुण ओ जोधाण, का तेली,
मैंहीं पीड़ो केसर, माही कस्तुरी।
मैंही पीड़ो मरवा, माह मकतुरी।
यो तेल लाडलड़ी कै, अंग चढ़सी।
दमड़ा बाई का दादा जी, भर देसी।
लेखा बाई का दादी जी, कर लेसी।
सुण-सुण ओ जोधाण का तेली।

(३)
जोंये मुंगा का उबटना।
राये चमेली का तेल,
हथ लाडो बैठी उबटना।
आओ मेरा दादा जी देखलो।

आओ मेरा ताऊ जी देखलो।
थानै धणे रोड़ा चाव,
हथ लाडो बैठी उबटना।
थम देखे सुख होये,
हथ लाडो बैठी उबटना।
मलै झड़ा-झड़ भँ पड़ै,
नुरै चढ़ै थारै अंग।
हथ लाडो बैठी उबटना।
जोंये मुँगा का उबटना।

(४)
म्हारै आँगण किचला बे, किन डोला पानी।
म्हारी हथ लाड़ो नहाई बे, नाँण डोला पानी।
म्हारा हथ लाडा नहाया बे, नाई डोला पानी।
आइ बनड़ै की भाभी ढह पड़ी
बे, उसकी टांग न ताँणी।
टांग न ताँणी के करु,
बे, गोड़ पड़ गया पानी।
पड़ी ये पड़ी ललकार बे, जानू बिल्लो रानी।
मोरी मैं को नीकली बे, जानू सामण का पानी।
दमड़-दमड़ कुटियो बे, जानु धाण की धाणि।
भैन्सा मैं को नीकली बे, जानूं ग्याबण झोटी।
छाणा ऊपर फैकियो बे, जानु लाय पराणि।

(५)
कइयो री उस खातीं कै लड़कै नै खाती कै लड़कै नै
कइयो री उस खाती कै लड़कै नै खाती कै लड़कै नै
पाट्‌टा तो ल्यावै मेरै राए रत्तन सिंग नै

राए रत्तन सिंग नै छैल बन सिंग नै और मथुरा कै लाल नै
कइयो री उस सुनरै कै लड़कै नै सुनरै कै लड़के नै
डोरा तो ल्यावै मेरै राय रत्तन सिंग नै
राए रत्तन सिंग नै छैल बदन सिंग मथुरा जी कै लाल नै
कइयो री उस माली कै लड़कै नै माली कै लड़कै नै
सेहरा तो ल्यावै मेरै राय रत्तनसिंग नै
राए रत्तन सिंग नै छैल सिंग नै मथुरा जी कै लाल नै
कइयो री उस मामा सहजादा नै मामा सहजादा नै
जामा तो ल्यावै मेरै राए रत्तन सिंग नै
राए रत्तन सिंग नै छैल बदन सिंग नै मथुरा जी कै लाल नै
कइयो री उस मोची कै लड़कै नै मोची कै लड़कै नै
जूता तो ल्यावै मेरै राए रत्तन सिंग नै
राय रत्तन सिंग कै नै छैल बदनसिंग नै मथुरा जी कै लाल नै
कइयो री उस समधी भड़वै नै समधी भड़वै नै
कन्या तो देवै मेरै राय रत्तन सिंग नै
राय रत्तन सिंग नै छैल बन सिंग नै मथुरा जी कै लाल नै

(६)

हल-खल हल-खल नदी ये बहवै,
म्हारी बुगली मल-मल नहावै जी।
बुगली नहाये राये जादी,
गर बखत मत नहाओ जी।
गर बखत बल सियो ऐ पड़त है,
दोफारै बल नहाईयो जी।
दोफारै बल धुप पड़त है,
साँझ पड़ी बल नहाईयो जी
लाडो नहाये धोये बैठी मजोट,
के आमण धुमणी।

लाडो के माँगै गल हार,
के बंईयाँ चुड़ला।
मैं तो बल मांगु गल हार,
बल बंईयाँ चुड़ला।
मैं तो माँगु साजनीयां रा पुत,
वो म्हारै मन चढ़ा।
लडली कठै ये देखा साजनीयां रा पुत,
कठै थारै मन चढ़ा।
सहईयो देखा स्कुलाँ कै बीच,
वो म्हारै मन चढ़ा।
सहईयो देखा सुहेलीयां कै साथ,
वो म्हारै मन चढ़ा।
पानी ड़ा भरगी, महरी रत्तन कचोली,
नहावै म्हारा मोतीड़ा रा हारा जी।
भात परोसै म्हारी, रत्तन कचोली।
जीमै म्हारा मोतीड़ा रा हारा जी।
आँगणिया फिरगी म्हारी, रत्तन कचोली।
नीरखै म्हारै मोतीड़ा रा हारा.जी।
सेज बिछावै म्हारी, रत्तन कचोली।
पोढ़ म्हारा मोतीड़ा रा हारा जी।

(७.)
हल खल हल खल नदी ए भरवै
म्हारा बुगला मल-मल नहावै जी
बुगलो भोज पसारयो रायजादी
गर बखत मत नहावो जी
गर बखत बल सिया ये पड़त है।
दोफारै बन नहावो जीं

दोफारै की धुप पड़त है।
साँझ पड़ी बल नहावो जी
कुनया जीरी रत्तन कचोली
कुनया जीरो मोतीड़ा रो हारो जी
बाबुल जीरी रत्तन कचोली
समधी जीरो मोतीड़ा रा हारो जी
दिनी है म्हे रत्तन कचोली
लिहनो म्हें मोतीड़ा रो हारो जी
हार सोवै म्हारै हिवड़ ग ऊप्र
मोतीड़ा तपै ए लीलारी जी
आंगन य फिरगी म्हारी रत्तन कचोली
निरखै म्हारा मोतीड़ा रो हारो जी
पानी ड़ा भरगी म्हारी रत्तन कचोली
नहावै म्हारो मोतीड़ा रो हारो जी
भात परोसै म्हारी रत्तन कचोली
जीमै म्हारो मोतीड़ा रो हारो जी
सेज बिछावै म्हारी रत्तन कचोली
पोडय म्हारो मोतीड़ा रो हारो जी

(८)
ए बर ल्याओ नी हल्दी की गाँठ
गोरा मुखड़ा चीतियाँ जी
ए बर ल्नाओ नी जीरी के चावल
गोरा मुखड़ा चीतियाँ जी
ए बर ल्याओ नी पलटै की स्याई
नैना सुरमा सारीयाँ जी
ए बर ल्याओ नी रामचन्द्र का पुत
गोरा मुखड़ा चीतीयाँ जी

(९)

ये बर ल्यांओ नी हल्दी की गाँठ
गोरा मुखड़ा चीतीयाँ जी।
ये बर ल्याओ नी जीरी के चावल,
गोरा मुखड़ा चीतीयाँ जी।
ये तेरा किसे सुहागण, चीता है मरवट
किसे सुहागण गोरा मुखड़ा चीतीयाँ।
ये मेरा मांये सुहागण, चीता हैं मरवट।
मांये सुहागण गोरा-मुखड़ा चीतीयां जी।
न ना काजल हैद बणा जी।

गीत बान का झोल

कोरी मोरी कुलड़ी, जै मै दहीये जमायो।
जामी झोल धलाईयो, मायड़ मसल नुहाईयो।
पहला झोल घलाईयो, बिनायक बाबा कै नाम का,
दुजा झोल घलाईयो, पितरां कै नाम का।
अगमा झोल घलाईयो, हनुमान बाबा कै नाम का।
चोथा झोल घलाईयो, देवी रानी कै नाम का।
पाचवाँ झोल घलाईयो, माता रानी कै नाम का।
छटा झोल घलाईयो, सतियाँ कै नाम का।
सातवाँ झोल घलाईयो, भुले बिसराँया कै नाम का।

(२)
दादा लडली ग झोल घलाइयो
दादी मसल नुहावै
ताऊ लडली ग झोल घलाईयो
ताई मसल नुहाव

गीत तेल उतारन का

तारो ए तेलन तेल
तेरा राय चमेली का तेल है।
किसीयाँ की है धीयड़
बहु किसियां न तेल उतारीयाँ
समधी की है धीयेड़ी
बहु सीता न तेल उतारीयां
तारो ए तेलन तेल

गीत बान का नहाने का

ताता पानी ए समुन्द्राँ का
पोता नहाई ए दशरथ का
ताता पानी ए समुन्द्राँ का
बेटा नहाई ए रामचन्द्र का
भतिजा नाहाई ए लक्षमण का
ताता पानी ए समुन्द्राँ का
भाई नाहाई ए कश्अण का
ताता पानी ए समुन्द्राँ का

आरता

एक डाल छोटा, पेड मोटा।
कर ऐ बड गोत्तन आरता
दूर देशों से मनैं, बुआ बुलाई।
कर ए सुहागण आरता।
एक आरता मैं तो करैं ना जानूँ।
क्यु किजो बहनो आरता।
ये हाथ हीरा गोद बीरा।
कर ए सुहागण आरता।
ये हाथ कसीदा, गोद भतीजा।
कर ए सुहागण आरता।
ये हाथ लोटा, गोद बेटा।
कर ए सुहागण आरता।
ओड़ै तो दोड़ै म्हारे महल मालिया,
बीच बहण का ओबरा।
ओड़ै तो दोड़ै, म्हारे कँवर खेलै।
बीच खेलै भोले भान्जे।
मैं थानै कहूँ म्हारै, सुगना ओ सायब।
बीच बहन ना बासियों
सुन-सुन ए धग, ओछा बोल न बोलियो
सांगर ओ सायबा जांटा कै लागैं
धणका लागैं रुपये ढ़ेढ़ सो

(२)
ये ऊँचा पीपल, पड़ी ये पँजाली,
कर ये सुहागण आरता।
ये मैं तो कर ऐ ना जाणू,

कुयुकर किजो बहनो आरता।
मैं तो दुर देशां स मेरी ननंद बुलाई,
आरतड़ा समझाईयो।
ये गोरी-गोरी बईयाँ मैं, हरा हरा चुड़ला।
कर ये सुहागण आरता।
ये तीखे तीखे नैना मैं,
झीणा-झीणा सुरमा; कर ये सुहागण आरता।
ये हाथ हीरा गोद बीरा।
कर ये सुहागण आरता।
ये धरदे हीरा, बिठादे बीरा।
कर ये सुहागण आरता।
ये हाथ कशीदा, गोद भतिजा।
कर ये सुहागण आरता।
ये धरदे कसीदा, बिठादे भतिजा।
कर ये सुहागण आरता।
ये हाथ लोटा, गोद बेटा।
कर ये सुहागण आरता।
ये धरदे लोटा, बिठादे बेटा,
कर ये सुहागण आरता।

सान्जी

चालो सान्जी, ए श्री राम घर चालां,
दुनियां सिसट उपाईयां।
चालो सान्जी ए, सुसरा जी घर चालो।
बड़ा ये बड़ेरा मानियो।
चालो सान्जी ए जेठ जी घर चालो।
जिस घर बिरद उपाईयां।
चालो सान्जी ए, बेटा घर चालो।
जिस घर नार सुलाखणी।
एक नार सुलाखणी, वर मीठा भी बोलै।
हंस-हंस घालै, राणी बैठना।
चालो सान्जी ए, पोता घर चालो।
वो सोने का सेवरा।
वो बाबै के लाड़ला।
चालो सान्जी ए, कश्अण घर चालो।
टाबर झूलै, सहियो पालना।

सान्जी दिवा

कै मण गाल्या लोहा
कै मण गाल्या कोयला जी
म्हारै ऊँची डान्डी का दिवला जी
नो मण गाल्या लोहा
दस मण गाल्या कोयला जी
म्हारी सरस डान्डी का दिवला जी
भर चाँसू रे भर चांसु रे
म्हारै राम चन्द्र की धमशाला रे
छोट लक्षमण कै घर चानणा जी
इस चानण बाई राधा आवै जावै रे
नाचण का वो कृष्ण पावणा जी
भर चांसू रे भर चांसू रे

भात

आज बागाँ मैं झील मिल, हो रही,
आया मेरी माँगा जाया बीर,
हीरा बन्द लाया, चुन्दड़ी।
ओंढु तो हीरे रे बीरा, झड़-पड़।
डब्ब धरु तो तरसै, जीव।
हीरा बन्द लाया चुन्दड़ी।
ओढ़ो मेरी मां की जाई, चुन्दड़ी।
ओर भतेरी ऐ मां का जाई, चुन्दड़ी।
आज ताला पर झील-मील हो रही।

(२)
जी पिया रिमझीम-रिमझीम ब्ररस है।
मीह मेरा राजीड़ा।
घटा ये तो छाई मेरै बाप कै जी।
घटा ये तो छाई मेरै, बीर कै जी।
जी पिया थारै घर है, लाड़लड़ा का ब्याह।
ये तो
बीरद स्वाई, करो मेरा राजीड़ा।
जी पिया थारै घर है, लाड़लड़ी का ब्याह।
ये तो
थारै तो सोयां, ना सरै जी।
बीरद स्वाई करो, मेरा राजीड़ा।
कहवै तो चीठी लीख, भेजूं ऐ गोरी-घण।
कहवै तो नाई बामण जी।
बीरद स्वाई जद, हो मेरा राजीड़ा।
दो मुँग दो चावलां जी।

चीठी तो मंजले मंजले जावै, मेरा राजीड़ा।
नाई नोन्द थारा, भाई-चारा जी।
बाजणां सा अर्थ जुड़ा, मेरा राजीड़ा।
आपाँ दोनू चालसां जी।
थांनै ऐ गोरी-धन बाजणां सा, अर्थ जुड़ाऊँ।
हम घोड़ अश्वार जी,
जी पीया आई है मेरै, बाप दादां की सीम मेरा राजीड़ा।
सौम बणन्दी म्हारै, पीपली जी।
जी पिया आये है मेरै, बाप दादां के खेत, मेरा राजीड़ा।
खेत बणन्दे, म्हारे हालीये जी।
जी पिया आये है मेर, बाप दादां के जोहड़ मेरा राजीड़ा।
जोहड़ बणन्दे म्हारे, पनिहारिया जी।
जी पिया आये हैं मेरै, बाप दादां कुंये मेरा राजीड़ा
कुंये बणन्दे म्हारै, झीमरे जी।
जी पीया आये है, मेरे बाप दादां के गोरे, मेरा राजीड़ा
गोरे बणन्दे म्हारै, पालीयाँ जी।
जी पिया आए हैं मेरै, बाप दादां गली, मेरा राजीड़ा।
गली बणन्दे म्हारे धाणंके जी।
जी पीया आए है, मेरै बाप दादां की पोल, मेरा राजीड़ा।
पोल बणन्दे म्हारे डूमड़े जी
जी पीया आए है मेरै, बाप दादां की डयोडी, मेरा राजीड़ा।
डयोडी बणन्दी म्हारी चुड़ी जी।
रे बीरा खोलो-खोलो अजड़ किवाड़, मेरा माई जाया
बाहार, खड़ी है तेरी बहन जी।
ये बाई किसयासा हायेब धीयेड़,
किसया भड़ब, कुल-बहु जी।
रे बीरा जामी साहायेव, की धीयड़।
सुसरा साहायेब, कुल बहु जी।

खुलगे-खुलगे अजड़ किवांड़, मेरा माई जाया
साँकल खुलगी, लोहा साल की जी।
रे बीरा लाम्बा सा खरड़ बिछ़ाये, मेरा माई जाया,
भेली तो फोडू तेरै आगणां जी
रे बीरा नाई का बेटा बेग बुलाये, मेरा माई जाया
थारा भाई चारा नोन्दीयो जी।
डली ये डली गुड़ बाटीयों जी,
रे बीरा नोन्द नान्द कै घर अपणनै, जाऊ मेरा माई जाया,
भुल गई छोटी बहन न जी।
ये बाई बावड़ बावड़ ये, मेरी मां की जाई,
मनै सिख बुहद दे जाईयो जी।
रे बीरा देई तो सिख न आवै, मेरा माइ जाया
सीख शरीरां उपजै जी।
ल्याओ-ल्याओ रे बीरा, मोहर-पचास मेरा माई जाया।
लोट मैं गीनी धालीयो जी।
ल्याओ-ल्याओ रे बीरा तीवच पचास, मेरां माई जाया
साड़ी विलावज, पुरे डेड सौ जी।
ल्याओ-ल्याओ सासु मेरी की तीवल, मेरा माई जाया।
सुसरा मेरै की पागड़ी जी।
ल्याओ-ल्याओ रे बीरा बहन तेरी चुन्दड़ी, मेरा माई जाया
बहनोई तेरै के पांचु कपड़े जी।
ल्याओ-ल्याओ रे बीरा बरतन का गाडा, मेरा माई जाया
कड़छा टिकन्ता टोकणां जी।
ल्याओ-ल्याओ रे बीरा उंटा की तार, मेरा माई जाया,
समधन बणन्ता बोतरु जी।
इतना ये तो होवै ना वो कैसे, आवै तेरै भातवी जी।
इतना तो रे बीरा होवै ना तो, घर अपणन रहयो मेरा जाई जाया,
काले काले मेरे देवर जेठ, मेरा माई जाया।

गोरे गोरे मेरे भातवी जी।
झाबर झोले मेरे देवर-जेठ, मेरा माई जाया।
पातल पेट मेरे भातवी जी।
जीवण लागे मेरे देवर जेठ, मेरा माई जाया।
ढ़लकैगा मेरा टोकणाँ जी।
जीमण लागे मेरे माई जाये बीर जी।
उजलगा मेरा टोकणां जी।
पुगै जो कुछ ल्याओ, मेरा माई जाया।
बीर कै आये पन्चा मैं उजली जी।

(३)
क्याँये सैं नोन्दु, बाबुल राजा।
क्याँये चाचा ताऊ।
हेरी क्याँये स नोन्दु मेरी माँ का जाया
जिससै मैं ऊजली
हेरी लड्डू सै नोन्दु, बाबुल राजा।
गुड़ की डली चाचे ताऊ।
हेरी मिश्री का कूंजा मेरी, माँ का जाया
जिससै मैं ऊजली।
हेरी क्याँये सै चीरजुं, बाबुल राजा।
क्याँये चाये ताऊ।
हेरी क्याँये तो चीरँजु मेरी माँ का जाया
जिससै मैं ऊजली।
हेरी रोली सैं चीरचुं, बाबुल राजा
हल्दी चाचे ताऊ।
हेरी केसर का तीलक लगाऊं मेरी, माँ का जाया
जीसतै मैं ऊजली।
हेरी जीरी के चावल मेरी, माँ का जाया

जीससै मैं ऊजली।
हेरी क्याँये मैं आवै, बाबुल राजा।
क्याँये चाचे ताऊ।
हेरी क्याँये मैं आवै मेरी, माँ का जाया
जीसतै मैं ऊजली
हेरी अरथा मैं आवै, बाबुल राजा।
मझोली चाचे ताऊ।
हेरी हस्ती कै होदै मेरी, माँ का जाया
जीसतै मैं ऊजली।
हेरी क्याँये मैं उतरै, बाबुल राजा।
क्यांये चाचे ताऊ।
हेरी क्याँये मैं उतरै मेरी, माँ का जाया
जीसतै मैं ऊजली।
हेरी दुकाना तो उतरै, बाबुल राजा
नोरा मैं चाचे ताऊ।
हेरी खस-खस का बगलाँ मेरी, माँ का जाया
जीससै मैं ऊजली।
हेरी के जीमगा, बाबुल राजा।
के चाचे ताऊ।
हेरी के जीमै मेरी, माँ का जाया
जीसतै मैं ऊजली।
हेरी बर्फी तो जीमै, बाबुल राजा।
लडू चाचे ताऊ।
हेरी मथुरा का पेड़ा मेरी, माँ का जाया
हेरी जीन्दवां का भात मेरी, माँ का जाया
जीसतै मैं ऊजली।
हेरी के पीवंगा, बाबुल राजा।
के चाचे ताऊं

हेरी के पीवं मेरी, मां का जाया
जीसते मैं उजली।
हेरी शर्बत पीवं, बाबुल राजा।
पानी चाचे ताऊ।
हेरी दुध पतासा मेरी, माँ का जाया
जीसते मैं ऊजली।
हेरी के बरसै गा, बाबुल राजा।
के चाचे ताऊ।
हेरी के बरसै गा मेरी, माँ का जाया
जीसते मैं ऊजली।
हेरी रूपया तो बरसै, बाबुल राजा।
अठ्ठनी चाचे ताऊ।
हेरी पीली-पीली मोहर मेरी, माँ का जाया
जीसते मैं ऊजली।

(४)
सुन भैया रघुवीर, भात सबेरे लाइयो
मेरे शीश का टीका लाईयो
मेरे कान के कान्टे लाईयो
सुईया का रत्तन जड़ाईयो
गले का लाईयो जंजीर
भात सवेरे लाईयो
झूमर पर रत्तन जड़ाईयो
गले का लाईयो जंजीर
भात सवेरे लाईयो
सुन भैया रघुवीर
भात सवेरे लाईयो

(५)
अब खत लीख रही
बहन बिरन को
बीरा मेरै भात ले आईयो रे
बीरा टीका ल्याओ सुईया ल्याओ
मेरे शीश का सिंगार
गैहना तो ऐसा घड़वाईयो
हिरे जड़वाईयो रे
अब खत लिख रही
बहन बिरन को
बीरा मेरै भात ले आइयो रे

(६)
भैया रख बहन की लाज
भात मेरै ले आईयो रे
पांचू कपड़े एक दुशाला
मेरे सुसर का लाईयो रे
सास मेरी छैल छबीली
तीवल ल्याओ रे
भैया रख बहन की लाज रख
भात मेरै ले आईयो रे

(७)
बीरा मेरे सिंस का टिका लाईयो
सुईयाँ पर रत्तन जड़ाईयो जी
मेर रिमक झिमक भाती आईयो।
बीरा थे आईयो भाभी लाईयो।
नन्द लाल भतिजा गोदी लाईयो जी,
मेर रिमक-झिमक भाती आईयो।

(८)

अज बागां मैं बाजै जंगी डोल,
चुन्दड लाया घण मोली जी।
आया मेरी मां का जाया बीर,
चुन्दड़ लाया घण मोली जी।
देखै मेरे देवर जेठ,
राजा जी आवै मूलकतां जी।
धन गोरी थारोड़ा भाग,
चुन्दड़ लाया घण मोली जी।
धन गोरी थारोड़ा बीर।
चुन्दड़ लाया घण मोली जी।

गीत मान्डा का

शान्त करावै बेटा दशरथ का
शान्त करावै सतियां कै पास
शान्त करावै पितरां कै पास
सती म्हारी स्वर्ग गई
पीतर म्हारै बैकुन्ठ गये
शान्त करावै बेटा रामचन्द्र का

(२)
यो किन मान्डा रोपियो,
यो किन पुरा है चोक।
मान्डा श्रीराम का।।
कश्अण मान्डा रोपियो,
राधा पुरा है चोक।
जोयड़ पुरा है चोक।
मान्डा श्री राम का।।

गीत चाक पूजन का

सइहयो कुम्हार बुलावै
मिट्टी की देहल बनावै
ज्यु-ज्यु ऐ खुन्टी रस भरि
लहरे लेगा हार
मैंनै नान्णा बताई मैंनै नांणा बताई
नांणा खुन्टी कै रै
मैंनै रोटी बताई मैंनै रोटी बताई
रोटी कोठी में ये
दाई म्हारा बांवरिया

मैंनै काली बताई मैंनै काली बताई
काली कृष्ण कै ए
दाई म्हारा बांवरिया

समधन

स्टेशन से तार आया
समधी की जोयड़ खो गई
सवा लाख का गहना ले गई
घर को खाली कर गई
सवा लाख का गहना ले गई
समधी को रडंवा कर गई
कोलीज से बच्चे आये
पापा मम्मी किधर गई
चुप रहो बच्चों चुप रहो बच्चों
मम्मी तुम्हारी पीहर गई
सवा लाख का गहना ले गई
घर को खाली कर गई

(२)
मेरी समधन खो गई रे जयपुर के बाजार मैं
समधी भी ढूँढे समधन भी ढूँढे
पा गई पा गई रे हलवाई की दुकान पर
वा पेड़ा खावै री हलवाई के साथ मैं
मेरी समधन खो गई रे बरेली के बाजार मैं
समधी भी
पा गई पा गई रे पनवाड़ी की दुकान पर
वा पान चाबै री पनवाड़ी के साथ मैं
समधन खो गई रे दिल्ली के बाजार मैं
समधी भी
पा गई पा गई रे कुम्हार की दुकान पर
वा मटका बनावै री कुम्हार के साथ मैं

समधन खो गई रे बम्बई के बाजार मैं
समधी भी
पा गई पा गई रे मोची की दुकान मैं
वा जुती गांठै री मोची के साथ मैं

समधन की गाली

कृष्ण जी की जोयड़ का घागरा,
धोबी धोवै, ये नार यहीं रहना।
धोन्दे धोन्दे बह गया, खड़ी रोवै ये नार यही रहना
आगै मिलगा म्हारै रामचन्द्र रसीया,
घागरा सिमादूं रेसमी, दर्जी तेरा यार। यहीं रहना।
नाला घलादुं पाट का, पटवा तेरा यार यहीं रहना।

गाली

हलचल गाडी जीस मैं बैठे सगा जी
ड्राईवर धीरे चलाना रे सगी जी ने डर लागै
खट्टा नहीं भावै मिठा नहीं भावै
बीयर मंगादो सगी जी न जोश चढ़ै
हल चल गाडी सीसमै बैठे सगा जी
ड्राईवर
टिकी नहीं चाहीये काजल नहीं चाहिये
लिपिस्टिक मंगादो सगी जी के होठ रचै
छोले नहीं चाहीये पुड़ी नहीं चाहीये
अण्डे मगादो सगीजी गी सेहत बनै
हल चल गाडी जीसमै बैठे संगा जी

(२)
सगा जी थारै फैशन न बीगड़ा जमाना।
धोती वाले नहीं बीगड़े, पजामें वाले नहीं बीगड़े
इन पैन्टा वाला सगा न, बीगाड़ा जमाना।
सगा जी थारै
कुर्त्ता वाले नहीं बीगड़े, कमीजों वाले नहीं बीगड़े।
इन शर्टा वाला सगा न, बीगाड़ा जमाना।
सगा जी थारै
पगड़ी वाले नहीं बीगड़े, साफे वाले नहीं बीगड़े।
इन हैट वाले सगों ने, बिगाड़ा जमाना।

(३)
कान्च की अलमारी मैं, अँग्रेजी खटका।
कृष्ण जी को जोयड़, न जरूर पटको,

आडी पटकां चाहे, टेडी पटको,
म्हारै रामचन्द्र कै, आगणां जंरूर पटको।

(४)
तीनो तिरया न बीच सगा जी एकला
एक कहवै मैं लड्डू खाऊ दुजी कहवै मैं पेड़ा
सुनीयो तीसरी के बोल कहवै मैं गोबर खाऊंगी
तीनो
एक कहवै मैं बेटा जनमूँ दुजी कहवै मैं बेटी
सुनीयो तीसरी के बोल कहवै मैं बन्दर जनमूँगी
तीनो
एक कहव मैं पीला ओढु दुजी कहवै मैं चुन्दड़ी
सुनीयो तीसरी के बोल कहवै मैं बोरो ओढुंगी
तीनो
एक कहवै मैं सोडा पीऊं दुजी कहवै मैं चाय
सुनीयो तीसरी के बोल कहवै मैं बीयर पीऊंगी
तीनो तिरया ग बीच सगा जी एकला

गाल

छन्नी मैं छन्नी, छन्नी मैं सोनै गो तार।
समधी गी जोयड़ न ले गयी, बम्बई को यार।
कोई भागी रे, कोई दोड़ी रे, म्हारी सगी की लम्बी पुकार।
छन्नी मैं छन्नी,

(२)
थे सगा जी म्हारै आया क्यूं
आया तो थे चाल्या क्यूँ
शीश पकड़ थारो मोरी मैं यथूं
जेठ जी खड़े मैं उनसे डरुं

(३)
सगा जी की जोयड़ माल-जांदी।
रोटी पोवती न लेगी चील गाड़ी।
वहा-वहा रे ड्राईवर रे तेरी छाती।
अम्बर मैं चढ़ा लेई चील गाड़ी।

(४)
कल सुबह साडे सात बजे धर्मशाला के आगे
समधी जी को जोयड़ की नीलामी होगी
अगर किसी भाई साहाब को लेनी हो तो पहुँच जाएं
एक आना दो आना ढाई आना तीन आना साढे तीन आना
पिया सब कुछ बेचां जी
अपनी जोयड़ तो मत बेचो
गोरी हम के कराँ ए
श्री राम मोल लेवै
कल सुबह साडे सात बजे धर्मशाला के आगे

कसुम्बा

म्हारै री पीछोकड़ बोया री कसुम्बा
जै कोई चुगबा आवै जी कसुम्बा
चुगवा तो आवै म्हारै समधी की जोयड़
चुग-चुग ढ़ेरी लगाई जी कसुम्बा
चुगदी चुगान्दी सोकण होई ऐ तीसाई
जै कोई पानीड़ा प्यावै जी कसुम्बा
पानीड़ा प्यावै म्हारै रामचन्द्र रसीया
उथल-पुथल घर मारै जी कसुम्बा
पहली चोट की छोरी जनमी
वा भी सोक हमारी जी कसुम्बा
दुजी चोट का छोरा जनमा
वो भी बन्स हमारा जी कसुम्बा

समधी

चरखे की माल-गुलाल,
नहीं चलती जी, नहीं चलती।
समधी की जोयड़ आप खसम से।
नहीं डरती जी, नहीं डरती।
साली जा महला कै माय खसम नै।
टूटी मचली जी, टूटी मचली।
चरखे की माल-गुलाल।

रतजगा

घरबत

ये जी मोतीयां का थाल पुराये तो
जोशी पुछण घण गई जी
ये जी जोशी बेटा पतरा उघाड़ तो
घरबत माता सिन्च धराँ जी
ये जी छटअ चोदस भदरा जैं लागै तो
पुनम कहयो बीरा पुरोड़ी जी
ये जी छटअ चोदस भदरा जै लागै तो
एकम कहइयो बीरा एकली जी
दुज कहईयो बीरा नीर्मली जी
घरबत माता न सिन्च धरो जी
य बीरा दसरथ का रामचन्द्र न ल्यो रै बुलाये तो
घरबत माता सिन्च धरो जी
ये बीरा कैलास पर्वत स शीवजी न ल्यो रै बुलाये तो
घरबत माता सुच धरो जी
ये बीरा पार्वती क गणेश जी न ल्यो रै बुलाये तो
घरबत माता सुच धरो जी
ये बीरा बन भोरी वाली देबी रानी न ल्यो रै बुलाये तो
घरबत माता सुच धरो जी
ये बीरा अन्जनी क पवन कुमार ल्यो रै बुलाये तो
घरबत माता सुच धरो जी
ये बीरा स्वर्ग लोक स पितर देवता ल्यो रै बुलाये तो
घरबत माता सुच धरो जी
ये बीरा स्वर्ग लोक दादसरा जी ल्यो रै बुलाये तो
घरबत माता सुच धरो जी
ये बीरा दादसरा जी क सुसरा जी न ल्यो रै बुलाये तो
उनकै आये सार सरै जी

ये बीरा सुसरा जी के पांचू बेटे ल्यो रै बुलाये तो
इन बुदीयां मैं बुदह घनी जी
रे बीरा चीणाई होईयो त्यार तो
लीपण वाली दोड़ीयो जी
ये बीरा लीपै पोतै घाल मडेरै हाथ तो
थारी ओ दसरथ कुल बहु जी
ये बीरा लीपै पोतै घाल मडेरै हाथ तो
थारी नन्द बाबा कुल बहु जी
ये बीरा लीपी लीपाई होईये त्यार तो
चीत्तण वाली लोड़ीयो जी
ये बीरा चीतै मान्ड लिखै कलाई मोर ज
थारी ओ दसरथ धीबड़ी जी
ये बीरा चीत मान्ड लीख कलाई मोर ज
थारी ओ रामचन्द्र धीवड़ी जी
ये बीरा चीती मान्डी होईये त्यार तो
दिवला वाली लोड़ीयो जी
ये बीरा घी भर दिवला झो बहु सीता
या घरबत थारै सुसरै की जी
ये बीरा घी भर दिवला झो बहु राधा
या घरबत थारै सुसरै की जी
ये बीरा घरबत माता होईये त्यार तो
नीरखण वाले दोड़ीयो जी
ये बीरा दसरथ क रामचन्द्र न ल्यो रै बुलाय तो
नीरखै झजा रावटी जी
ये बीरा दसरथ क लछमण न ल्यो रै बुलाये तो
नीरखै भजा रावटी जी
ये बीरा नन्द बाबा कश्अंण ल्यो रै बुलाये तो
खेलै झजा रावटी जी

ये बीरा रामचन्द्र कै गीगा राज ल्यो रै बुलाये तो
रत्तन कचोला दुध पीवै जी
ये बीरा सोवो क जागो
दसरथ जी सेवकां खातन ल्याई बीरा डोलीया जी
ये बीरा सोवो क जागो
रामचन्द्र सेवकां खातन ल्याई बीरा डोलीया जी
ये बीरा खाती कै न पीलंग बीछाये तो
खातन पीडा साल का जी
ये बीरा खाती कै न चावल रन्धाये तो
खातन लपचप लापसी जी
ये बीरा खाती कै न बुरा ये छलाये तो
खातन धबसा नुणा का जी
ये बीरा खाती कै न धीरत धलाये तो
खातन पलीया तेल का जी
ये बीरा खाती कै न हिर गीर पुछ तो
खातन पुछो बीरा एक बारी जी
ये बीरा खाती कै न पाग रंगाये तो
खातन बोरँग चुन्दड़ी जी
ये बीरा खाती कै न सिंक दिवाये तो
खातन दिन दस राखलां जी
ये बीरा खातन म्हारै टाबरयाँ की माय तो
खातन छोड़याँ ना सरै जी
ये बीरा खाती बेटा चत्तर सुजान तो
और घड़ले बीरा काठ की जी
ये बीरा घड़ ल्युगा दोयर चार तो
मुख स ना बोलै काठ की जी
सार ना सारै काठ की जी
ये बीरा देई देवता ल्यो नी बीमाण तो

खातन ल्याई बीरा डोलीया जी
हम सेवकाँ थारी रात जगाई जी
ये बीरा इब लग तो हम बोल्ला थे सांच तो
इब हम झुठ बखानीया जी
ये बीरा फलीयो फुलीयो माली की दुब ज्यूँ
बदियो रे बीरा के ला कै पोधा ज्यूँ
ये बीरा थोड़ा थोड़ा चावलया रंधाये तो
घणा रंधादों बीरा खिचड़ा जी
ये बीरा चावलया तो बहन बेंटियाँ न जीमाये तो
खीचड़ा जीमै म्हारी कुल बहु जी
ये बीरा थोड़ा थोड़ा पोमचाया रंगाये तो
घण ये रँगादो बीरा पीलीया जी
ये बीरा पोमचया तो बहन बेटीयाँ न उढ़ाये तो
पीला ओढ़ै म्हारी कुल बहु जी
ये बीरा बहन बेटी घर अपनै न जाय तो
धरया ये उघाड़ै म्हारी कुल बहु जी
बन्स बढ़ावै म्हारी कुल बहु जी
हँस हँस बोल्ल म्हारी कुल बहु जी
सारै सारै म्हारी कुल बहु जी
बठन धालै म्हारी कुल बहु जी

दाँतन

राम जी पोपाटी होया प्रभात
माता जसोदा जी दांतन मांगीए
राम जी मांग्यो है वर दोय चार
रानी रुकमण न सुण ए न सापड़
राम जी बाहर स आया नन्दजी का लाल
माता जसोदा जी क्युं कर उणमनी
बेटा थारै घर नार कुनार
कह्यो ए न मान म्हारो तिल भर
माता ए म्हारी उठो थे दातनीयो मोड़
थारै दांतन की बेरा अब हुई
बेटा रे दांतन थारी रुकमण न कराए
म्हारै दाँतन की बेराँ टल गई
माता ए कहो तो देवां ए बीडार
कहो तो भेजां रुकमण बाप कै
बेटा क्यान तो देवो रे बिडार
क्यानै भेजो धण नै बाप क
राम जी काला सा बड़दा बैल जुड़ाय
ऊपर तानी काली कामली
राम जी लिछमण सा देवर दीनाँ साथ
बन मैं खिनाई रुकमण एकली
राम जी कोन मेरे माई यर बाप
कोन भरोस छोड़ी एकली
रुकमण बड़ पीपल माई ए र बाप
आंक भरोस छोडी एकली
रुकमण तोडयो है अड़ बड़ पान
तोड़ बिछायो जी सनको सांथरो

रुकमण जाया है लाडन पुत
घुन्टी तो देवनवाले कुल में कोई नहीं
राम जी उडरै म्हारै हरिए बनका काग
जायर बोलो कश्अण हर की कोठड़या
राम जी माता जसोदा जी धाल्यो बिलोवणो
जाय फरुक्यो हरी ए बनको कागलो
बेटा रे एक बार बाहर तो आवो
केरज बोलै हरिए बन को कागलो
माता रूकमण जायो लाडन पुत
घुन्टी तो देवन वालो कुल मैं कोई नहीं
कागारै सोनमं मँढ़ाऊँ तेरी चाँच
रूप मैं मंढ़ाऊं तेरो पींजरो
माता म्हारी कुणा बीन पड़ी ये उजाड़
कुणा बीना आँगण भीन भीना
बेटा बहुवां बिना पड़ी ए उजाड़
पोता बीना है जी आँगण भीन भीना
बेटा एक हाथ मैं ले लो गुन्द अजवान
एक हाथ लेलो जी घी की झाकरी
राम जी पीलासा बड़दा बैल जुपाय
उप्पर तानी पीली कामड़ा
रूकमण यो ल्यो गुन्द अजमान
या ल्यो घी की झाकरी
राम जी नदी बुहावो गुन्द अजवान
बड़दा न प्याओ घी झाकरी
रूकमण डब डब भर आया नैण
आंसू तो गेरया हरिए मोर ज्यूं
राम जी लीनी है हीवड़ लगाय
आंसू तो पुछा ए पील पेचैं सैं

रूकमण ईतनी थे बेदल मत होए
मनड़ा तो राख्या अपनी माय का
राम जी धोला सा बड़दा बैल जुपाए
ऊपर तानी धोली कामली
राम जी छोटो सो गीगो लीन्यो साथ
बैल मैं बिठाई रूकमण लाडली
माता म्हारी एक बर बाहार आवो
पगां ए पड़गी थारी कुल बहु
बेटा रे जुग जीबो नन्द जी का लाल
पगां ए पड़गी आपकी माय क
माता म्हारी अबड़ासा बोलो न बोल
पगां ए ना पड़ धीयड़ माया क
राम जी ज कोई हरजी की दाँतन गाय
गावै जो बैकन्ठा पायसी
राम जी म्हे गावाँ बैकुण्ठा को बास
सुण जीसका पातक झड़ैपड़ै

गीत रतजगी का दान्तन

माता उठो ये करो नी स्नान
दान्तन लयाया काचै केलै की
बेटा रे दान्तन रुकमण न देयो
ये म्हारी तो दान्तन बेला हो रही
माता ये कीन थानै बोलया है बोल
किन थानै दिया जाजम ओलमा
बेटा रुकमण म्हानै बोलया है बोल
रुकमण दिया जाजम ओलमा
माँ मेरी कहो तो देवां ये बिडार
कहो तो भेजां धण न बाप क
बेदा क्याँन तो देवो र बिड़ार
क्याँन तो भेजो धण न बाप
बेटा या धण जनम गी पुत
बंस बढ़ावै थारै बाप का
बेटा या धण जनम गीधी ये
रत्तन जमाई प्यारा पावणाँ
बेटा मनड़ै स देवो नी उतार
मनड़ै बिन रुकमण भीण भीणी
रुकमण उठो ये करो नी सनान
बिरद उपाई थारै बाप कै
हरजी झुठा ओ झुठ मत बोलं
सावण मास किसी बीरद
रुकमण उठो ये करो नी स्नान
बेटा तो जाया माई जाय बीर कै
हरजी ईबक तो बोल्या हैं सान्य
आशा तो कईये बड़ी भुजाई नै

हरजी रुण झुण बैल जुड़ाये
रुकमण चाली बड़ तलै
हरजी गये गये कोस पचास
डेरा तो ढ़ाला ठन्ड मैं बड़ तलै
हरजी कठै मेरे भाईयर बाप
कठै मेरे पिहर के रुख
किसकै भरोस रुकमण ऐकली
रुकमण बड़ थारे माईयर बाप
बड़ थारे पिहर के रुख
बड़ कै भरोसै ये रुकमण ऐकली
हरजी साचम साँच बताये
कद घर आओ प्यारा पावणा
रुकमण साड मैं हलिया ज जोड़
सावण मैं हिन्डा घलाईयो
रुकमण भादो मैं बोलै है मोर
ओर कड़कै बिजली
रुकमण आसोज पितर जीमाये
कातिक मैं कातिकड़ा नहाईयो
रुकमण मंगसीर मैं माँग भराये
पोह मैं सोड़ भराईयो
रुकमण माह मैं महाजल नहाये
फागण मैं फाग ज खेलियो
रुकमण चैत मैं गोर ज पुज
बैसाख मैं बैसाख ज नहाईयों
रुकमण जेठ मैं जेठुड़ा भराये
ओर पँखा दुलाईयो
रुकमण बिते बाहरा ज माअ
कद घर आवै हरजी पावणा

हरजी उठे है आधी सी रात
दिनड़ा उगाया अपण देस न
माँ मेरी खोलो नी अजड़ किवाड़
सांकल खोलो लोहा साल की
बेटा खुले है अजड़ किवाड़
खुली है साँकल लोहा साल की
बाई के थाम रूप करुप
के लेगी ये माँ की जाई थोड़ा दायजा
बीरा ना हम रूप करूप
ना हम लेगे माँ जाया थोड़ा दायजा
बीरा मैं हुँ सात भांईयाँ बहन
वो तो बीरा मां कै काना ऐकला
माँ मेरी क्यां बीना घोर अन्धेर
क्याँ बिना आंगण भीण भीणा
बेटा दिवल बीन घोर अन्धेर
भारे बीना आंगण भी भीणा
माँ मेरी साचम साच बताये
क्या बीना घोर अन्धेर
क्याँ बीना आँगण भीण भीणा
बेटा बहुआँ बीना घोर अन्धेर
पोताँ बीना आँगण भीण भीणा
मां मेरी धोबी क कपड़े धुआ ये
तड़कै तो जाऊँ धण गैं बाप कै
बेटा धुए धुवाये बुगचै क माँय
सवेरे तो जाईयो सोरंगै सासरै
माँ मेरी कर दयोनी डोलिय का साथ
सवेरे उठ जाऊँगा धण गै बाप कै
बेटा घुड़ले बन्धे है घर क बाहार

इब उठ ज्यारे सोरंगैं सासरै
हरजी उठे है आधली सी रात
दिनड़ा उगाया सोरंगै सासरै
रुकमण कात थी लम्बे लम्बे तार
मोटी त मीटी कुकड़ी
रुकमण चरखै न देवों नी बिडार
हरजी तो आया मोत भुखावला
हरजी राँधुजी गी अरहर की दाल
फलके तो पोऊ दो पड़ के
रुकमण अरहर न रवावै जाट गंवार
दो पड़ न रवावै ये हर का घुड़ला
रुकमण दुध तो धोओ हर के पैर
चन्द्रण चोकी ये हर न बैठना
रुकमण रान्धो नी जीन्दवाँ रा भात
कर करेले हर न सब तलो
रुकमण हरे ये मुंगा धोई दाल
फलका तो पोदयो हर न रीमझीमा
रुकमण बुरा की रेलम ठेल
घी बरता दोय ऐ हर टोकण
रुकमण माल पुड़ा का लेलो थाल
बीरजा पुर का बीजंण
रुकमण-रुकमण पोसगी कश्अण जीमै
हंस हस डोलो ये हर पर बीजणा
हरजी माल पुड़ा का लुँगी थाल
बीरजा पुर का लुँगी बीजणा
हरजी रुकमण परोसगी कश्अण जीमै
हंस हंस देवाँ ओ हरजी ओलमा
हरजी वे दिन करलो नी याद

रुकमण छोडी ठन्ड बड़ तलै
रुकमण वे दिन करलो नी याद
मात पसोदा न दान्तन ना देई
रुकमण थारी म्हारी अबछल बात
मनड़ा तो राख्या बुढ़ी माय का
हरजी रूनझुण बैल जुड़ाये
दिप जगाया अपन देस न
माँ मेरी खोलो नी अजड़ किवाड़
साँकल खोलो ये लोह साल की
बेटा खुले है अजड़ किवाड़
खुली है सांकल लोह साल की
मां मेरी ऊपर स नी चै उतरो
पगां ये पड़गी थारी कुल बहु
बेटा मेरपा तो उतरा ना जायये
पगां ये पड़गी आपकी मांय क
माँ मेरी अब ड़ै का सा बोल ना बोल
मांया क धीये पगां ना पड़ै
माँ मेरी या है सात भाईया की बहन
तेरा तो जग मैं काना ऐकला
बेटा वारी तो जावै सात भाईयां की बहन
का नै का काईयो जग मैं चाँनण

रातीजगा गा सुन्ठ मसरका

मैद बनड़गी दादी न जान्च सांजान्चसां
मानैह सुन्ठ मसरका दोय
ऐ माहन माखन मीश्री दोय
सुन्ठ मरसका मोकला
ऐ मिसरानी मोकला
म्हारे हंस हंस गाओ गीत
म्हारै हंस हंस गाओ गीत
बाला जी म्हारी धुलाओ नींद
म्हारै रातु गाओ गीत
बाला जी म्नार रांतु गाओ गीत
मैह बनड़गी ताई न जान्चसा जान्चसा

गीत रतजगा का लीला

एक गज कोरा कपड़ा ये खतरी की
ले लीलगर पा जाय मेरा लीला रंग दे
तेरा लीला जद रंगु ये खतरी की
आज रवै सारी रात मेरा लीला रंग दे
थारी तो हाट बजारा ओ लीलगर का
लख आवै लख जाये मेरा लीला रंग दे
कोठै क बीच कोठड़ी ये खतरी की
उठ ये बिछाओ सेज मेरा लीला रंग दे
एकै दुपट्ट की ओट सोये गये
पोहचै स पकड़ा है हाथ मेरा लीला रंग दे
रात गई ऊगा प्रभात
किस बीद जाऊँ घर आज मेरा लीला रंग दे
सिर पर साफा पहर लो ये खतरी की
कर ररदाना भेस छोडो जनाना भेस मेरा लीला रंग दे
आगै सी गई देवर मिलगा
भाभी कठै ये गुमाई सारी रात मेरा लीला रंग दे
जेठ मैरै क रतजगा ओ देवर मेरा
उठ ये गुमाई सारी रात मेरा लीला रंग दे
ना थारै हाथाँ मैहन्दी ये भाभी मेरी
ना थारै नैना मैं नींद मेरा लीला रंग दे
धोये उतारी मैहन्दी ओ देवर मेरा
सोये उतारी नींद मेरा लीला रंग दे
जठै गई चली जा ये भाभी मेरी
म्हारा बीर क जोगी नाय मेरा लीला रंग दे
छोरीयाँ मैं की बीगड़ी ये भाभी मेरी
कदेये ना अपनी होय मेरा लीला रंग दे

छोरयाँ मैं का बिगड़ा रे देवर मेरा
कदेये ना अपना होय मेरा लीला रंग दे
ते तो खाई काकड़ी रे देवर मेरा
मैं खाया तरबूज मेरा लीला रंग दे
तँ तो मोहई जाटनी रे देवर मेरा
मैं मोहया रजपुत मेरा लीला रंग दे
थारै तो जनमी छोरड़ी रे देवर मेरा
मैं जनमाा रजपुत मेरा लीला रंग दे
थारी मो मरियो छोरड़ी ओ देवर मेरा
म्हारा तो खेलै नन्दलाल मेरा लीला रंग दे

गीत दिवा का

कठै सै आया गाडियर-गाडियर
कठै सै आया ए लुहारै
म्हारी ऊँची डान्डी का दिवला जी
म्हारै चोड़ै झाबै का दिवला जी
कै मण गाल्या लोहा
कै मण गाल्या लाल लुहारी कोयला जी
म्हारी ऊँची डान्डी का दिवला जी
म्हारै चोड़ै झावै का दिवला जी
नो मण गाल्या लोहा
दस मण गाल्या कोयला जी
म्हारै सरसै डान्डी का दिवला जी
म्हारै चोड़ै झाबै का दिवला जी
म्हारी ऊँची डान्डी का दिवला जी
क्याँऐ की बाती पिरोई
क्याँऐ का घाल्या धीरत जी
म्हारी ऊँची डान्डी का दिवला जी
म्हारै चोड़ै झाबै का दिवला जी
म्हारै सरसै डान्डी का दिवला जी
गड नीरमल की घाँलू बाती
सुरयल का धीरैत पिरोया जी
चासै धरूगी सामलड़ी सालै मैं
पिछैल पछेती चानणा जी
म्हारै पितरां कै घर चानणा जी

मैहन्दी

बेल मैरा मैहन्दा बीकै मैहन्दा राचणा
जै कोई लेवै तो मोल मैहन्दा राचणा
लेगा म्हारै कश्अण बोगीया मैहन्दा राचणा
अपनी सोणी क चावै मैहन्दा राचणा
अपनी नखराली क चावै मैहन्दा राचणा
बैल मैरा मैहन्दा बिकै मैहन्दा राचणा

(२)
जयुपर तो थे जाईयो लसकरीया,
धण नै मैहन्दी ल्यादो जी,
मैहन्दी वाली नार भवँर जी,
नरवर सै चाल जी।
भंवर नखर सै बोल जी,
भंवर थारी सहनाणी।
मैहन्दी वाला हाथ भंवर जी,
सिरानै रखलो जी।
भंवर जी हीवड पर रखलो जी,
भंवर थारी सहनाणी।
मैहन्दी लाखा गी, मैहन्दी लाखा गी।
बाईजी गा बीरा,
लेता आइयो जी।
भंवर पकड़ाता जाई ओ जी।
भंवर थारी सहनानी।
जयपुर तो थे जाईयो लसकरीया,
धण नै घेवर ल्यादो जी।
घेवर वाली नार भंवर जी,

नखरै सै जीम.जी।
भंवर थारी सहनानी
मैहन्दी लाँखा गी, मैहन्दी लांखा गी
बाई जीगा बीरा, लेता आईयो जी।
भंवर पकड़ाता जाईयो जी।
जयपुर तो थे जाईयो लसकरीया,
धण नै चुन्दड़ ल्यादोजी,
चुन्दड़ वाली नार भंवर जी
घुंघट वाली नार भंवर जी
घुंघट मैं चाले जी।
भंवर थारी सहनानी।
मैहन्दी लांखा गी।
मैहन्दी वाला हाथ भंवर जी,
सिराण रखलो जी।
हिवड़ पर रखलो जी।
भंवर थारी सहनानी।
मैहन्दी लाखा गी, मैहन्दी लाखा गी।
बाईजी गा बीरा, लेता आईयो जी।
भंवर पकड़ाता जाईयो जी।
भंवर थारी सहनानी।
जयपुर तो थे जाईयो, म्हारा लसकरीया
धण न पायल ल्यादो जी।
पायल वाली नार भंवर,
ठुमकै सुँ चालै जी।
टेडी-टेडी चालै जी।
भंवर थारी सहनानी।
मैहन्दी लांखा गी, मैहन्दी लाखा गी।
मैहन्दी वाला हाथ भंवर जी,

सिराण रखलो जी।
हिवड़ पर रखलो जी,
भंवर थारी सहनानी।

काजल

जेली ले जेलटा, मोदुड़ा भागा जाय।
काजल घुलये रहयो जी।
छाणे चुगदी टोकरौ, काजल का मोल बताये।
काजल घुलये रहया जी।
जा रे मुर्ख बावला, लुगाई का काडया जाय।
काजल
खानी मोटी चीकणि, ढ़कनी घड़ै कुम्मार।
काजल
तेल तीली मैं नीकलै, बन मैं ऊपजै कपास
काजल
भर दिवला पैन्डी पर चासुँ ऊपर ढ़कनी माँड।
काजल
काजल का कोठा भरा, सुरमै की लगी कतार।
काजल
तँ ये रामचन्द्र घर गोरड़ी, तुं काजलिया बलसार
काजल
चीमठी-चीमठी सार ले, तुं धबसाँ-धबसाँ सार।
सिलाई स रेख संवार।
काजल घुलये रहया जी।
बाहार सै म्हारा रामचन्द्र आया,
तुँ खड़ी टमरका मार,
सैना स सैन मिलाय,
काजल घुलये रहया जी।
तेरा कजला बहोत सहराये,
तुँ ये बानियां घर गोरड़ी,
तुँ काजलया बल सार

काजल
दिन-दिन तो बानीयाँ बिणँज करै,
यो रातुँ करै हिसाब।
काजल
एक दमड़ी का घाटा लागै,
भाज दिसावर जाय।
काजल घुल रहया जी।
तँ ये पन्डित धर गोरड़ी,
तुँ काजलया बल सार।
काजल
दिन-दिन तो पन्डत पतरा देखै,
यो राँतु पड़ा सुन्साये।
काजल
थारा कजला कद सहराये।
काजल
तँ ये दर्जों घर गोरड़ी,
तुँ काजलया बल सार।
काजल
वो सिमै तं कज भरै
तेरा कजला भोत सहराय
काजल
गोड त गोडा मिलाये,
तेरा कजला सैहला होय,
काजल धुलये रहया जी।

रतजगा की नींद

सवा-सवा लाखां का पेचा
ओ जानी शीश थारै
किलंगी पर मन मेरा
हो सुरज्ञानी ढ़ोला नीन्द मैं
क्यू जगाई ओ सासु जी
का जाया नीन्द मैं
क्युं जगाई ओ बाई जी
का बीरा नीन्द मैं
जद जगावां जद
नीन्द बताओ ऐ गोरी
जागण की रुत कोणसी
मगेजन गोरी नीन्द मैं
सुती रहो ऐ
भाईया की प्यारी नीन्द मैं
सुती रहो ऐ
नखराली गोरी नीन्द मैं
सवा-सवा लाखां का डोरा
ओ जानी गल थारै

सजना

बैठया बाबा जी तखत बिछाये
कागदिया तो आया जी बाबा जी रे हाडैरावका
कागद बाबा जी म्हांनै बांच सुनाय
केरै लिखा है वो बाबा जी कोरे कागदां
कागद बाई बान्चा ये ना जाय
छाती तो फाटे ये बाई सजना हिवड़ौ ऊजले
एबड़ छेबड़ लिखी है सात सलाम
बीच मैं तो लिखीया ये बाई सजना बेग पधारना
थे म्हारा बाबा जी बे दिल मंत होय
बारा तो बरसां लग करस्याँ चाकरी
करीया सजना मरदाना भेस
करहा ललकारा ये बाई सजना ढ़लती रातनै
बुजा सजना गांयारो गुवाल
सींव बाता वोरे भाइडो हाड़ाराव की
याई है ओठी राजा जीरी सींव
सालर थोडा ये बाई सजना सरवर भो घणा
बुज्जा सजना मालीड़ारो पुत
बाग बतावोरे माली का राजाजीरो कुणसो
योई है ओठीडा हाडैजारो बाग
आमू तो पाक्या ओ ओठीजी नीबू रस भरया
रुल झुल सजना देखे है बागं
दांतण तोड़ो ये बाई सजना काचा केलैरी
सजना बुजी पानी री पनिहार
होद बताओ ये पनिहारी थारी हाडेराव की
योई है। सजना समद्र तलाब
बुज्यो सजना चेजारै रो पुत

महल बतावोरे भाईडा हाडैराव को
योई है। ओठी राजा जीरो महल
केला झबरख ओठीड़ा राजा जीर बारने
भाबी म्हारै मन में आवै रीस
नैन नारी का ये भुजाई बोली मरद की
एक बर देवरिया बांगा मैं ले चाल
बेरो तो पाड़ो वो देवरिया नारी मरद को
नारी होय तो पडारी डाफल खाय
मरद मुछालो यो तोड़ै फुल गुलाब को
राजा जैमल पडारी डाफल खाय
गायड मलरी सजना वो या तोड़ै फल गुलाब का
भाबी म्हारै मन मैं आवै रीस
नैन नारी का ये भुजाई बोली मरद की
एक बर देवरिया ले चाल समुद्र तलाब
बेरो तो पाड़ो जी देवरिया नारी मरदका
नारी हो तो इराँ तीरां न्हाय
मरद मुछालो होय न्हावे समद्र झकोल कै
राजा जैतल तो इरां तीरां न्हाय
गायड मलरी सजना तो या नहावै समद्र झकोल
भाबी म्हारै मन मैं आवै रीस
नैन नारी का ये भुजाई बोली मरद की
एक बर देवरिया रसोईया ले चाल
बेरो तो पाड़ो वो देवरिया नारी मरद का
नारी हो तो धीरै धीरै जीमै
मरद मुछालो तो या झट दे चलु करै
एक बर देवरिया सेजां मैं चाल
बेरो तो पाड़ो देवरिया नारी मरद का
नारी हो तो फुल जाय

मुरझाये मरद मुछालारी सेजाँ वो देवरिया सलबर न पड़े
होगी सजना घुड़लै असवार
दिन तो उगाइयो बाई सजना बाबा जीरा देश मैं
उलंगी सजना समद्र तलाब
चुड़लो दिखायो जी बाई सजना पांव हाथरो
उठो बाबा जी ढकियो फसलो खोल
बारा बरसाँगी बो बाई
सजना कर आई चाकरी

बिनजारो

कोनसी दिसा सै आया बिनजारा मेरा श्याम
कोनसी दिसा नै जाय मारुजी
तेरी बादल मैके भरयोरे बिनजारा मेरा श्याम
कोई ढोला भरवाजी जाय मारुजी
मेरी बादल मैं सामरो ये बिनजारी
मेरी ज्यान गोला गीरी भरवाने जाय मारुणी
सामर को के लादबोरे बिनजारा म्हारा स्याम लादो
ढ़ोला म्याणारो मारुजी
आज बसोना म्हारे महल मैं वो बिनजारा
मेरा श्याम करस्यां ढोला थारो मनव्हार
मारुजी क्यूं कर आवां थारे महल में ये
बिनजारी मेरी जान बालक म्हारी भुखी जाय
मारु जी
म्हारे पीछो कण दुबड़ी वो बिनजारा
मेरा श्याम मैं खोदूँ तुं नीर मारुजी
आज बसो ना सुख सेज मैं वो बिनजारा
मेरा श्याम करस्यां ढोला थारी मनव्हार
मारुजी
क्युं कर आवां थारी सेज में ये बिणजारी
म्हारी नार बादल म्हारी प्यारी जी जाय प्यारी जी
म्हारै पिछोकडं कुवाँ बाबड़ी रे बिनजारा
म्हारा श्याम कोई मैं खाचूं तु प्याय मारुजी
आज बसोना म्हारे महल में वो बिनजारा
मेरा श्याम करस्यां ढोला थारो मनुव्हार
मारुजी
क्युं कर आवां रंग महल मैं ये बिनजारी

म्हारी ज्यान बादल म्हारी रीती जो जाय प्यारी जी
आधी मैं भरादुं सठवा सुंठ मारुजी
आज बसोना म्हारी सेज मेरे बिनजारा
मेरा श्याम करस्यां ढोला थारी मनुव्हार जी मारुजी
क्युं कर आवां थारी सेज में ये बिनजारी
म्हारी जान साथी म्हारा भुखा जी प्यारी जी
साथी डानै लीचपीस लापसी रे
म्हारा श्याम थाने ढोला घुलमाँजी खीर मारुजी
थारे तो सरीसी कुल मैं को नहीं ये बिनजारी
म्हारी नार राखां म्हारे हिवड़ रे बीच प्यारी जी
थारै सरीरा कुल मैं को नहीं वो बिनजारा
म्हारा श्याम राखां ढोला सेजाँ बीच मारुजी

गीत चुकचुन्रड़ी रतजगा का

चक चुन्दरड़ी तुं तो लड़ियो,
ये कश्अण जी की गाल।
तुं तो सोय रहया सुंसाये रहया
हम राँतु रात जगाईयां।
चक चुन्दरड़ी तुं तो लड़ियो,
ये रामचन्द्र की गाल।
तुँ तो सोय रहया सुंसाये रहया,
हम रातु रात जगाईया।

गीत कुकड़ा रतजगा का

राजा रामचन्द्र का कुकड़ा
छोटै लक्ष्मण का पाला कुकड़ा
देस अ दिवानी कुकड़ा
चतराई से बोला कुकड़ा
गुमराई से बोला कुकड़ा
अरे कुकड़ा बोल फेर बोल
कुकड़ूँ कुँ
अरे कुकड़ा मोत्या का आखा चुगाये दं
म्हारै चुगवा न आ
राधा थारा ये आगणाँ खुरदड़ा
म्हारी चुगदाँ की घीसे चांचड़ी
राजा...
छोट...
देस...
चतराई...
अरे कुकडू कूँ...
सगा सोई सुणगा कुकड़ा
अड़ोसी पड़ोसी सुणगा कुकड़ा
सबेरे देवगे ओलमा
अरे कुकड़ा आगणं काँच दुलाये दुँ
सोना चोंच मढ़ाये दुँ
म्हारै चुगवाँ न आ
राजा...
कुकड़ूँ कुँ...
राधा तेरी ये ननंदल़ अचपली
म्हारी चुगदाँ की पाड़ै पाखड़ी

राधा तेरा ये देवर अचपला
म्हारै चुगदाँ क मारै कांकरी
अरे कुकड़ा ननंदल न देऊ मुकला ये
देवर न्र धालु चाकरी
म्हारै चुगवाँ न आ
राजा रामचन्द्र का कुकड़ा
छोटै लछमण का पाला कुकड़ा
देस अ दिवानी कुकड़ा
चतराई स बोल्या कुकड़ा
गुमराई स बोल्या कुकड़ा
अरे कुकड़ा बोल फेर बोल
कुकडू

गीत भांग रतजगा का

सोनै चान्दी का दोये हलिया जुड़ादो
साहेबा भागड़ली र बीजादो
म्हारा राजन भाँग प्यादो
सोनै चान्दी का दीये खुरपा मगादो
साहायेबा भागड़ली र कटा दो
म्हारा राजन भाँग प्यादो
सोनै चान्दी का दोय कुड़ा मंगा दो
साहायेबा भागड़ली र घुटा दो
म्हारा
रूप का दोय छलणा मंगा दो
साहायेबा भाड़ली र छणा दो
म्हारा
एक प्याला म्हारे बिनायक बाबै न प्यादो

एक प्याला म्हारै शिवाजी न प्यादो
उनके सेवकाँ न अधर नचा दो
म्हारा राजन भाँग प्यादो
एक प्याला म्हारै सुरज देबता न प्यादो
एक प्याला म्हारै देवी रानी न प्यादो
उनके सेवकाँ नै अधर नचा दो
म्हारा
एक प्याला म्हारै देई देवता न प्यादो
उनके सेवका न अधर नचा दो
म्हारा
एक प्याला म्हारै राम चन्द्र न प्यादो
उनकी गोरी न अधर नचा दो
म्हारा
एक प्याला म्हारै कृज़्ण न प्यादो
उनकी भाभी न अधर नचा दो
म्हारा
एक प्याला म्हारै बेटाँ न प्यादो
उनकी चाची न अधर नचा दो
म्हारा
एक प्याला म्हारै जमाई न प्यादो
उनकी मायड़ न अधर नचा दो
म्हारा राजन भाँग प्यादो

गीत झालर रतजगा का

तुँ तो महलां मै सुता ओ रामचन्द्र जागीयो।
थारी होईये जागण की रात प्रभात
झालर बाजी राजा राम की श्री भगवान की
तुं तो कैलाश पर्वत मैं सुता, ओ शिवजी जागीयो।
थारी होई ये जागण की रात•प्रभात।
झालर बाजी राजा राम की, श्री भगवान की
तुं तो अम्मर मैं सुता ओ सुरज देवता जागीयो
थारी
झालर बाजी
तुं तो बनभोरी मैं सुती ओ देवी रानी जागियो
थारी
झालर
थे तो स्र्वगां मैं सुता ओ देई देवता जागियो
थारी
झालर
थे तो महँचा मैं सुता ओ कश्अणा जी जागीयो
थारी
झालर
तुँ तो बाबै धोरै सुता ओ काना जागियो
थारी
झालर
तुँ तो मायड़ धोरै सुता ओ गीगा जागियो
थारी होईये जागण की रात प्रभात
झालर बाजी राजा राम की श्री भगवान की

जकड़ी

जकड़ी

खट्टे-नीबू खट्टे, कभी तो मीठे होवेंगे।
याने बालक याने, कभी तो श्याने होवेंगे।
लड़ले सासू लड़ले, कभी तो न्यारे होवेंगे।
तेरा सासू तेरा, कभी तो मेरा होवेंगे।
जिसके घर मैं काली नारी उसका भी बड़ा मान है।
चुल्है पे चढ़ा लो तवे का क्या काम है।
खट्टे...
जिसके घर में गोरी नारी, उसका भी बड़ा मान है
कमरे में लगा लो तो, लाईट का क्या काम है।
खट्टे...
जिसके घर में लम्बी नारी, उसका भी बढ़ा मान है।
साईड़ मैं लगा लो तो, सीढ़ी का क्या काम है।
खट्टे...
जिसके घर में मोटी औरत उसका भी बड़ा मान है।
बिस्तर पे लगा लो तो, तकीये का क्या काम है।
खट्टे...
जिसके घर में ठीगनी औरत, उसका भी बड़ा मान है।
गोद में खीला लो तो, बच्चे का क्या काम है।

(२)
क्या पिया तुमने ले लेई मेरी अम्मा मोल,
मेरी अम्मा से मिलवादो।
गोरी पिहर जाऔगी तो काली पड़ जाओगी।
पिया पाऊडर ले जाऊँ अपने साथ,
मेरी अम्मा से मिलवा दो।
क्या पिया तुमने

गोरी पिहर जाऔगी तो भुखी मर जाऔगी।
पीया बीस्कुट ले जाऊँ अपने साथ, मेरी अम्मा से मिलवा दो।
क्या पिया
गौरी पिहर जाओगी तो बाबूल का काम करोगी।
पीया नौकर ले जाऊँ अपने साथ, मेरी अम्मा से मिलवा दो।
क्या
गौरी पीहर जाऔगी भाभी के ताने सुनोगी।
पीया तुम भी चलो मेरे साथ, मेरी अम्मा से मिलवा दो।

(३)
पिता मेरे ने कुछ नहीं सोची, छोटी सी की कर दी शादी,
उमर मेरी बारह वर्ज़ की जी।
ससुर मेरे ने कुछ नहीं सोची, जाँदी नै कर देई न्यारी।
उमर मेरी बारह वर्ज़ की जी।
कमरे में तो बालम बोले, किसकी तो खाँवागे कमाई,
उमर मेरी बाहर वर्ज़ की जी।
तु क्यों रोवे बालम मेरा, नखुना की खावाँगे कमाई,
उमर मेरी बारह वर्ज़ की जी।
चक मैं तो बोदे मोठ बाजारा, एक तीला की क्यारी,
उमर
५०० के बीक गये मोठ बाजरा, हजार तीला की क्यारी।
उमर
एक तो बालम तेरा सुट सिलादें, एक ल्यादे मेरो साड़ी।
उमर
साड़ी पहन मैं पानी नै चाली, जलगी बड़ली जीठानी,
उमर
सुट पहन बालम दोस्ता मैं चाल्या, जल गये सारे भाई।
उमर
तु क्यों जलै मेरा बडला भाई घर मैं मेरै चतर लुगाई।

(४)

गोरा बदन काली साड़ी, मैं साड़ी वाली।
साड़ी पहन मैंने सुसरा जीमाया।
सुसरा कहे बहु रानी, मैं साड़ी वाली।
गोरा बदन
साड़ी पहन मैंने जेठ जिमाया।
जेठ कहवै होजा न्यारी, मैं साड़ी वाली
गोरा
साड़ी पहन मैंने देवर जीमाया।
देवर कहवै होजा न्यारी, मैं साड़ी वाली।
गोरा
साड़ी पहन मैंने राजा जीमाया।
राजा कहे रानी मेरी, मैं साड़ी वाली।

(५)

काले सैण्डल पहन कै, बाँगा मैं गई थी रे।
बागा का माले न्यू कवै, बूढ़े की जोयड़ रे।
भला-भला हरामी बुढ़ीया, तेरी शान खोदी रे।
माया कै लोभी बाप नै, बूढ़े से ब्यादी रे।
दादो सौ लागै बुढ़ों, पोती सी लागू रे।
सीरानै बढ़यो बुढ़ो, पगानै बैठी रे।
काली साड़ी पहन कै, बागा मैं गई थी रे।

गीत दुकाव के

गीत दुकाव

तोरण आया राई बर
हरथर कम्पाया राज
कहियो सरदार बनी न
कामण ढ़ीला छोड़ो राज
मैं नाही जानूं म्हारा
जोसी का जाणै राज
जोशी का नेग चुकास्याँ
कामण ढ़ीला छोड़ो राज
तोरण आया राईबर
हर थर कम्पयाँ राज
कहियो सरदार बनी न
कामण ढ़ीला छोड़ो राज
मैं नाही जानूं म्हारा
नाई का जाणै राज
नाई का नेग चुकास्याँ
कामण ढ़ीला छोडो राज
तोरण आया राईबर
हर थर काम्पयाँ राज
कहयो सरदार बनी न
कामण ढ़ीला छोड़ो राज
मैं नाही जाणां थारी
साली जाणै राज
साली का नेग चुकास्याँ
कामण ढ़ीला छोड़ो राज

(२)

सासु नीरखै जमाई ए
फेर देगी ओलमा
मेरै साहायेब का ढुन्ढया ऐ
ना दुंगी ओलमा
साला हेली नीरखै नन दोई ऐ
फेर देगी ओलमा
मेरै साहयेब का दुन्ढ़या ऐ
ना दूंगी ओलमा
साली नीरखै बहनोई ऐ
फेर देगी ओलमा
मेरै जामी का दुन्ढ़या ऐ
ना दूँगी ओलमा

(३)

बजा रे लंगारा रंण जीत का, जाणु हाकम आया।
आपकी सीमा छोड़ कै, म्हारै व्यावण आया।
बजा रे लंगारा रंण जीत का, जाणु हाकम आया।
आपकी गलिया छोड़ कै, म्हारै व्यावण आया।
बजा रे लंगारा रंण जीत का, जाणु हाकम आया।
आपकी सड़कां छोड़ कै, म्हारै व्यावण आया।
बजा रे लंगारा रंण जीत का, जाणु हाकम आया।
आपका मायड़ चाची न छोड़ कै, म्हारै व्यावण आया।
बजा रे लंगारा रंण जीत का, जाणु हाकम आया।
आपकी भाभी मामी नखरो न छोड़ कै,
म्हारै व्यावण आया।

(४)

पाँच सुपारी लाडो, सिंगाड़ा रा सटका
थोड़े जाँनी लाया लाडो, क्यांरा करसी लटका
पांच सुपारीलाडो, सिंगाड़ा रा सटका।
काले-काले जाँनी लाया लाडो, क्याँरा करसी लटका।
पांच सुपारी लाडो सिंगाड़ा रा सटका।
मोटे-मोटे जाँनी लाया लाडो, क्याँरा करसी लटका।
पांच सुपारी लाडो, सिंगाड़ा रा सटका
थोड़े बाजे लाया लाडो, क्याँरा करसी लटका।

गीत फेरां के

गीत फेराँ का

तँ तो लुकजा ये लाड़ो
तेरे ढुन्ढुड़े आये
ए मैं क्यूं कर जाऊं
मेरे दादा न बुलाये
मेरे ताऊं न बुलाये

(२)
दादा जी का उंचा नीख कोठ
नीचा म्हारा आगँण ।
आ बैठा समधी का पुत,
रोपा म्हारा आगंण।
आ बैठा समधी का पुत,
आगंण बैठा जप करै जी।
ल्याओ-ल्याओ हारे-मोती लाल,
पैसे भर ऐलची।
देओ सालै समधी कै हाथ,
छोड़ै म्हारा आगंण।।
नहीं लेवां हीरे-मोती-लाल,
नही लेवां ऐलची।
परणागे राज कंवारी छोड़ा थारा आगंण।
परणागें जामी जी की ये, धी छोड़ां थारा आगंण।
जामी जी का उंचा नीचा कोठ,
नीचा म्हारा आगंण।।

(३)

गढ़ छोड रुकमण बाहर आई।
चवँरी तो छाई तेरे साजना।
साजन तेरै नै लाडो, दान भी दांगे।
जोड़ी तो रहईयो तेरो, जगमगी,
तं क्यूं म्हारी लाडो, डगमगी।
तेरा लखी दादा बैठे पास।
तेरा लखी ताऊ बैठे पास।
डरए नाचणतिका ऐकला,
आपकी मायड़ नै ना लाया साथ।
डरए नाचणतिका ऐकला,
आपकी मायड़ नै ना लाया साथ।
डरए नाचणतिका ऐकला,
आपकी दादी न लाया ना साथ।

(४)

दादां कै पथवारै री तुलसा
या तुलसा कीन जनमी जी।
आवै नाचणतिका जाया।
या तुलसा उन्न व्याहाई जी।
तोड़ैगा पान मरोड़ै गा डाली,
या तुलसा उन्न व्याहाई जी।
डाली तो डाली गुड़ला बंधादु,
पानड़लां छपरां छाई जी।
जामी कै पथवारै री तुलसा,
या तुलसा किन जनमी जी।

(५)

जीस दिन ए लाडो तेरा जन्म होया था
होईए बजर की रात
टुटि खटोली बाई गी अम्मा भी सोई
बाबुल फिरै ए उदास
चोंसठ दिवले लाडो चास धरे थे
तो भी घोर अन्धेरा
जीस दिन ए लाडो सांजन ग लड़का हुआ था
होई ए सोण की रात
लाल पिलंगड़ै इनकी अम्मां भी सोई
बाबुल घोड़ा दुड़ाए
एकज दिवला लाडो चास धरा था
चारूँ कुन्ट ऊजाल
माय कहवै बेटी नीत उठ आईयो
बाबुल कहवै छटवै मास
बीर कहव बाई छटि परोजन
भावज कहव क्या काम
पिंलगां तो बैठी बाई की अम्मा भी बोली
कोई मत जन्मो धीय कोई मत जन्मो धीय
मुडलै तो बैठी बाई की भाभी भी बोली
हम भी किसी की धीय हम भी किसी की धीय
पैर उधाड़े बाई के जामी जी भागे
साजन डोला थाम
म्हारी तो बेटी थारै घर की बान्दी
थे म्हारे बड़े उमराव
ऊँचा सा साजन नीची बाणी ना बोलो
थारी बेटी म्हारै महलां की रानी
थे म्हारां साजन उमराव

(६)

यो म्हारी लाडो गा पहला ए फेरा पहला ए फेरा
दादा जी गी पोतड़ी
हलवाँ हलवां चाल म्हारी लाडो
हँसगी सुहेलड़ियाँ
मोठ सा मत पाड़ म्हारी लाडो
रात घनेरड़ियाँ
जठे म्हारी लाडो पगला ए मेलै पगला ए मेलै
यो नाचनका हाथ धरै
जठे म्हारी हाथ धरै हाथ धरै
यो नाचनका जीब धरै
जद म्हारी लाडो बोलै अमश्त बाणि अमश्त बाणि
यों नाचन का कान धरै
यो म्हारी लाडो गा दुजा ए फेरा दुजाए फेरा
बाबुल की ए बेटड़ी
यो म्हारी लाडो का अगमा ए फेरा अगमा ए फेरा
भाईयां की ए बहन मामा की ए भानजी
यो हमारी लाडो का चोथा ए फेरा चोथा ए फेरा
होई ए पराईयां

गीत फेरां की चीरमठड़ी

म्हारै आगँण चीरमठड़ी का, रूँख मेरा पेव जी।
कोई समधी आगंण केवड़ा जी।
रांचा रांचा चीरमठड़ी का, रूंख मेरा पेव जी।
कोई घुमर घाल्या केवड़ा जी।
बैठे-बैठे तख्त बिछाये, मेरा पेव जी।
मान्डा-मान्डा चोपटड़ी का, खेल मेरा पेव जी।
कोई समधी-समधी खेलीयो जी।
खेलै-खेलै सारोड़ी रात, मेरा पेव जी।
पुछै-पुछै राज कंवरी की, मां मेरा पेव जी।
कोई कोण हारा कोन जीतीयो जी।
हारा-हारा राज कंवरी का बाप गोरी धन
समधी बेटा जीतयो जी।
पुछै-पुछै राज कंवरी की, मां मेरा पेव जी।
कोई के हारा के जीतीयो जी।
हारा-हारा सात, भाईयां की बहन गोरी धण।
म्हारी उभ्री सोवै आगंणा जी।
उठ बाई रुकमरण कर गंठ जोड़ा, कर पग टोला।
बाप थारा जुवै मैं हारियो जी।
हारा क्यूंनी पोहन्चा मैं की घड़ी मेरा पेव जी।
कोई राज कवंर क्यूँ हारीयो।
कारा क्युँनी उँगली मैं की, अँगुठी मेरा पेव जी
हारे क्यूंनी गलमका डोरा मेरा पेव जी।
कोई राज कंवर क्यूं हारीयो जी।
हारा क्यूंनी बुगचै मैं का कपड़ा मेरा पेव जी।
कोई राज कंवर क्यूं हारीयो जी।
हारा क्यूंनी तीजुरी की, गीनी मेरा पेव जी।

कोई राज कंवरी क्यूं हारीयो जी।
पहली हारा जनक पुरी का राव गोरी धन।
कोई पीछै मैं भी हारीयो जी।
हारा-हारा आप समधी जी।
कोई पीछै मैं भी हारीयो जी।
पहले हारा थारोड़ा बाप गोरी धन।
कोई पीछै मैं भी हारीयो जी।

गीत फेरां का चँवरी

इस चंवरी रामचन्द्र चढ़ा
वाई सिता का भरतारू
राओ राव बखानियो
सारी अयोधा का सिरदारु
इस चंवरी शिवजी चढ़ा
बाई पारवती का भारतारु
राओ राव बखानीयो
सारी कैलाश पुरी का सिरदारु
इस चंवरी इसर दास चढ़ा
बाई गोराँ का भरतारु
राओ राव बखानियो
सारी सश्ज़्टि का सिरदारु
इस चंवरी विज़णु चढ़ा
बाई लक्ष्मी का भरतारु
राओ राव बखानियो
सारी सश्ज़्टि का सिरदारु

गीत फेराँ मैं हथलेवा का

यो हथलेवा, जुग परणेवा।
यो हथलेवा, दादा र दादी।
यो हथलेवा, जुग परणेवा।
यो हथलेवा, ताऊ र ताई।

क्याँ दान

सोनां दान चान्दी दान, सब कोई देवै।
कन्या का दान, दुहेला ओ राज।
कन्या का दान बाई के, दादां जी देंगे।
उनकी छाती, भारी ओ राज।
सोना दान चान्दी दान, सब कोई देवै।
कन्या का दान, दुहेला ओ राज।

गीत खील बखेरण का

थारी ओ कृष्ण बहन कै ब्याह मैं
फेंरा मैं खील बैखेरीओ

फेराँ का

बामणं रे तुं बामणा,
उत्तम तेरी जात,
एक टकै कै कारणै।
तुँ बोल्या सारी रात।

पन्डीत का दोहा

भला पढ़ा रे भला पढ़ा
मित्तल का पण्डित भला पढ़ा
धन तन भई धन तन
धन तेरे जुजमानानै
धन तेते जुजमानानै
पोथी और पुराना न
रोल ले रे पान्डा रोल रे
राई दमोदर रोल ले

समधी क पंडीत न

भला पढ़ा रे पान्डां भला पढ़ा
फीट तेरी शाखा न, फीट तेरे जुजमाना न।
रोल ले रै पान्डां, रोल ले
काली कुत्ती खोल ले।

दोहा

अैसे काले तुम बने वराति यो
जैसी काली उड़दां की जी दाल
दालज हो तो धोय लुँ
थारा रंग ना धोया
ये बुरा मत मानियो
ऊंचे साजनो जी जाय

(२)
का-ना मोती हद बणे लाड-ला,
खुब लपेटा जी सुत।
धन तेरी माँ की कूख नै,
जीन चन्चल जनमा,
ये आज दिन जीत नया जी पुत।

(३)
दो खरबुजे एक से नन्दोई ज़ी,
दोंनु लाल गुलाल।
एक हीरा एक जोड़ी थारी,
बणी रहयो जी लाल।

(४)
दो दो बार थाम जीमते जेठ जी
आज ना पीई जी चाय
राधा बेटी व्याये के
शोभा ले लो नीत नई जी आज

(५)
बडी ए बडाई क्या करूं साजनो,
बडा ऐ तुम्हारा जी नाम।
बेटी है गरीब की,
रखीयो मन चीत
ये उंच्चे साजनो जी लाये।

समधी की गाली

काठ की कठ पुतली कृष्ण जी
पडी ये बाजाजी की जी हाट
सोणि सोणि बीक रहई
थारै काली लागी ये बुरा मत मानीयो जी हाथ

(२)
उड़दी खाई चरचरी कृष्ण जी
धण ये पीया जी घी
म्हारी बारी उत्तरी
थारै नीत उठ जनमों
ये ऊंचे साजनो जी धीय

दोहा बेटी वाला का

बोरी का मुख खोलदो सुसरा जी
मन करलो नी दलेल
राधा बेटी व्याय के
शोभा ले लो नीत नई जी आज

विदाई

विदाई

थारै थानी के रीते ओ
दादा थारी घीये बीना।
म्हारी बहुये भरैगी ऐ
लाडो बेटी, जाए घरां।
थारा गोबर पसरता ओ
ताऊ थारी घी-ये बीना।
म्हारी बहुयें पाथैगी ऐ
लाडो बेटी, जाये घरां।
थारी रसोई सुनी ओ
जामी थारी घीये बीना।
म्हारी बहुयें तपैगी ऐ
लाडो बेटी, जाय घरां।
थारा तीजणां खाली ओ
चाचा थारी घीये बीना।
म्हारी बहुयें कातैगी ऐ
लाडो बेटी, जाय घरां।
मेरा गोद भतीजा रोवै ओ
बीरा थारी बहन बीना।
मेरी छोटी बहन खिलावै ऐ
लाडो बाई, जाये घरां

(२)
परयल की ये लाडो,
परयल छोड़ कहाँ चली जी।
मेरे दादा ने दिया दान
साजन घर में चली जी।

महल तलै लाडो, ढोला भी निकलया
चीड़याँ दे रही आवाज।
बाग धोर ऐ लाडो, ढोला भी निकलया
कोयल शब्द सुनाये।
पैर उघाड़े बाई के, जामी जी भागे।
साजन ढोला थाम।
म्हारी तो बैटी थारै, घर की ओ बान्दी।
सुण-सुण हो म्हारा, सुगना ओ साजन।
नीची बाणि ना बोला।
थारी तो बेटी म्हारै महलां की रानी
थाम साजन मेरे उमराव।

लाडो की विदाई

बाबुल का घर छोड़ के लाडो,
हो गई आज पराई रे।
बाबुल का घर छोड़ के लाडो,
चली सुसरे की पोल्या जी।
जिन गलियाँ में बचपन खेलाँ,
आज उदासी छाई जी।
गलै लग बाई की अम्मा रोवै,
ले चले दुधा की पाली जी।
बाबुल...
गलै लग बाई की चाची ताई रोवै,
ले चले हिवड़ की प्यारी जी।
बाबुल...
गलै लग बाई की बुआ रोवै
ले चले गोद खीलाई जी।
बाबुल...
गलै लग बाई की भाभी रोवै,
ले चली रसीली नणंदी जी।
सुबक-सुबक छोटा बीरा रोवै,
छोड़ चली माँ जाई जी।
बाबुल का...
आँगण में खड़ी, बहना रोवै,
कर गई आँगण खाली जी।
बाबुल का घर छोड़ के लाडो,
हो गई आज पराई जी।
बाबुल का घर छोड़ के लाडो,
चली सुसर की पोल्या जी।
जीन गलीयाँ में बचपन खेल्या,
आज उदासी छाई जी।

बना

गोरी गणेश मनाओ। मनाओ री बहनो
गोरी गणेश मनओ। मनाओ री बहनो
शीशा बने के सेहरा सोवै
कान बने के मोती सोवै
लड़ीयो पर इत्तर लगाओ। लगाओ री बहनो
सच्चों पर इत्तर लगाओ। लगाओ री बहनो
गोरी गणेश मनाओ। मनाओ री बहनो

(२)
मोती महल से आया मेरा लाल बना
शीशा बने के सेहरा सोवै
कान बने के मोती सोवै
लड़ीयाँ समारता आया मेरा लाल बना
सच्चे समारता आया मेरा लाल बना
मोती महल से आया मेरा लाल बना

(३)
राधा रखा जाये, या सीता रखा जाये।
बोल बना बोल बनी का क्या नाम रखा जाय।
टीका करने को, रोली मंगवाई।
नेग देने को, बाबा भी बुलाये।
टीका करने को, रोली मंगवाई।
नेग देने को, ताऊ भी बुलाये।
नेग देते समय, नेग लेते समय,
खुशी क्या छाई।
राधा रखा जाये, या सीता जाये।
बोल बना बोल बनी का क्या नाम रखा जाय।

(४)
बना जाएगा बन्नी के लिए,
अरमानों की दुनिया साथ लिए।
बाबा की खुशी का क्या कहना,
बने पर आज न्योंछावर है।
ताऊ की खुशी कहना,
बने पर आज न्योंछावर है।
दादी ने आशीर्वाद दिया,
चिरंजीव रहे तेरी जोड़ी।
बना जायेगा बनी के लिए,
अरमानों की दुनिया साथ लिए।

(५)
बना तो मेरा चाँदी का गिलास,
चाँद देख शरमाया,
अपने बाबा जी के बागों में जाना,
नोटों से जेब भराना।
लुटाना समधी के द्वार,
चाँद देख शरमाया।
बन्ना तो मेरा चाँदी का गिलास,
चाँद देख शरमाया।

(६)
बने ने बनी को यूँ लिख भेजा,
चल बम्बई में घूम आए।
चल बम्बई में घूम आए।
बाबा नाराज होंगे,
ताऊ नाराज होंगे,

दादी जी को मना मैं लूँगा,
चल बम्बई में घूम आए।
ताई जी को मना मैं लूँगा,
चल बम्बई में घूम आए।
बने ने बनी को यूं लिख भेजा,
चल बम्बई मैं घुम आए।

(७)
बाग लगाये मधुबन में,
खिलेंगे फुल मन में,
खुशी का दिन आया है।
बनी पूछो बने अपने से,
कौन तपस्या तुमने कीनी,
बनी तो बड़ी सुन्दर है।
बाबा अपने का हुक्म बजाया,
दादी के कहे आज्ञाकारी,
बनी तो बड़ी सुन्दर है।
बाग लगाये मधुबन में,
खिलेंगे फुल मन में,

(८)
छोटा सा बना लाड़ला,
घड़ीयों पर मचल रहा है।
बाबा साहाब ने घड़ियाँ मँगवायीं,
ताऊ साहाब ने घड़ियाँ मँगवायीं,
बाँध के दादी को दिखा रहा है।
बाँध के ताई को दिखा रहा है।
छोटा बना लाड़ला,
घड़ियों पर मचल रहा है।

(९)

किरण की छन्नी में बने ने रास रचाई
बनी ए में तो देखूंगा तू कितनी क सुन्दर
आयी बनी ए मैं तो देखुंगा तू कितनी पढ़ी
लिखी आयी बना जी मुझको क्या देखो
थारी दादी से ज्यादा सुन्दर आयी बना जी
मुझको कया देखो थारी ताई से ज्यादा पढ़ी आयी।

(१०)

बनी आजा-आजा मेरे बाजार बनी
खाजा-खाजा केले अनार।
केले अनार तुझे खूब खिलाऊंगा
बनी करजा-करजा शादी का करार
शादी का करार मेरे हाथ में नहीं
शादी तो मेरे दादा के हाथ है
शादी तो मेरे ताऊ के हाथ है बनी..

(११)

देख तेरे संसार की हालत क्या होगी भगवान
कितना बदल गया इन्सान
सीस बनी के सेहरा साहे
लढ़ियों पे भगवान
कितना बदल गया इन्सान

(१२)

बने की शादी होवेगी
नजारा हम भी देखेंगे
बने के सीस का सेहरा

वो लड़ियो से उलझता है
उलझने वाली लड़ियों का नजारा
हम भी देखेंगे
बने...
बने के अंग की सूटा वो टाइयो से उलझती है
उलझने वाली टाइयो का नजारा हम भी देखेंगे
बने...
बने के गल का डोरा वो टिकड़े से उलझता है
उलझने वाले टिकड़े का नजारा हम भी देखेंगे
बने..
बने के संग की जोड़ी बनड़ी वो जोड़ी से उलझती है
उलझने वाली जोड़ी का नजारा हम भी देखेंगे।

(१३)
मानो बना मानो बराबर लडूगी
कोर्ट लडूँगी हाई कोर्ट लडूगी दिल्ली के कोर्ट में जरूर लडूँगी ससुर जी को भेजो दो ए बात करूगी सास जी का मन्दिर जाना बन्द करूगी मानो
कोर्ट लडूँगी हाई कोर्ट लडूगी दिल्ली गढ़ के कोर्ट में जरूर लडूँगी जेठ जी को भेजो जरा बात करूंगी जेठानी का झगड़ा करना बन्द करूंगी
कोर्ट लडूँगी हाई कोर्ट लडूगी दिल्ली गढ़ के कोर्ट में जरूर लडूँगी देवर जी को भेजो जरा बात करूगी देवरानी का पीहर जाना बन्द करूंगी
कोर्ट लडूँगी हाई कोर्ट लडूगी दिल्ली गढ़ के कोर्ट में जरूर लडूँगी नन्दोई जी को भेजो जरा बात करूंगी नन्द जी का चुगली चाला बन्द करूंगी

(१४)
सावन का महीना बने ने कीया शोर
जल्दी शादी कर दो महंगाई का है जोर
दादा बराती आये दादी को संग में जाये
जब से बनी आयी दादी का चले ना जोर जल्दी...

(१५)
भीगा-भीगा है शमा ऐसे में है तू कहा
तुझे बना बुलाये आजा पिछवाड़े से बोल सुना जा
चााहे दादा को ले आ चाहे ताऊ को ले आ
बनी चाहे अकेली आजा पिछवाड़े से बेल सुनाजा

(१६)
छोटी मिर्च बढ़ी तेज रे तेरा छोटा बना अंग्रेज रे
बना तुम तो चले कॉलेज रे
मेरे कैसे कटेंगे दिन रात रे बनी तुम भी
चलो मेरे साथ रे
अपने हाथों में लेलौ किताब रे बना
कैसे चलूं कॉलेज तेरे साथ मे
तेरी दादी का तेज स्वभाव रे

(१७)
झूठ बोले कऊआ काटे काले कऊऐ से डरियो
मैं प्यारी बनी लाऊंगी तुम देखते रहियो
तुम प्यारी बनी लाओगे मैं टीका लेकर आऊगा
प्यार करे ये टीके वाले ऐसे आशिक से डरियो
मैं प्यारी बनी लाऊंगा...

(१८)
कोका कोला पिला दो दो ओ तोला साऊकार को
आलू मटर छोला साऊकार की दुकान से
दुकान से बना बनी को ले आना धूम धाम से
तुमने तो कहा था दादा जी भी आयेंगे
लेकिन वो तो ना आये बिना बुलाये दादी
आयी बिना बुलाये घर की कर गई कोका कोला...

बनड़ा

बना तेरे शीश का सेहरा रे,
तेरी ननसाल से आया रे,
बना तेरे कान का मोती रे,
तेरी ननसाल से आया रे।
बना मेरा पहर कै रहसाँ रे,
गया कहनाल की गलियाँ रे।
बना मेरा पहर कै रहसाँ रे,
गया सुसराला की गलीयाँ रे।
कहनाली नै प्या दिया प्याला रे,
मगेजन न प्या दिया प्याला रे।
बना तो मेरा मोहे कै राखा रे,
कहनाली मैं ना पीऊं प्याला रे।
मगेजन मैं ना पीऊं प्याला रे,
फीरू तेरै रूप का मोहया रे,
बना तेरे गल का डोरा रे,

(२)
बनड़ा भज ले सिता-राम राधे-श्याम,
अमर तेरी काया हो-जै-गी।
दादा तेरे न ब्याहै ऐ रचाया।
ताऊ तेरे ने ब्याह ये रचाया।
बनड़ा दादी कै मन चवौ
की बनड़ी पैर दबावैगी।
बनड़ा ताई कै मन चावै
की बनड़ी पैर दबावैगी।
बनड़ा भज ले सिता-राम राधे-श्याम
अमर तेरी काया हो-जै-गी।

(३)

तुम तो बना जी अपने, बाबा जी के प्यारे।
तुम तो बना जी अपने, ताऊ जी के प्यारे।
बनड़ा मैं, दादी की प्यारी,
बनड़ा मैं, ताई की प्यारी,
तुम तो बना जी, कचे दुधो से पाले।
बनड़ा मैं, मेवा से पाली।
तुम तो बना जी, फुल-गुलाबी।
बनड़ा मैं, केसर की क्यारी।
तुम तो बना जी अपने, जामी जी के प्यारे।

(४)

बना तेरे दादा की उंची अटरीया,
बना तेरे ताऊ की, उंची अटरिया।
मैं उनके नीचे-नीचे आई,
मैं तेरा नाम सुनकर आई।
बना तेरी दादी का, नखरा भारी।
बना तेरी ताई का, नखरा भारी।
मैं उनसे डरती-डरती आई।
मैं तेरा नाम सुनकर आई।
बना तेरे जामी की, उंची अटरीया।

(५)

बना तेरी दादी बुलावै, बाहार खड़ी रे।
बना तेरी ताई बुलावै, बाहार खड़ी रे।
बना घर आजा दुपहरियो, का टाइम रे।
बना तेरा गोरा, बदन कुमलावै रे।
बना तेरी जुलफों का, तेल बहा जाय रे।
बना तेरी अम्मां बलावै, बाहार खड़ी रे।

घोड़ी

घोड़ी

अनोखी घोड़ी आई। सजा-सजा कर बाबा ल्याऐ
अनोखी घोड़ी आई सजा-सजा कर ताऊ ल्याऐ
चढ़ो ना दादी के प्यारे देर क्यूं करते हो
समय अब आ गया बनड़े सुसराल जाने का
समय अब आ गया बनड़े सुसराल जाने का
अनोखी घोड़ी आई सजा-सजा कर जामी ल्याऐ

(२)
घोड़ी अम्बाले से आई
जीस पर चढ़या न उत्तया जाय
बने के बाबा घोड़ी पे चढ़ावै
बना उछल-उछल रह जाय
बने की दादी घोड़ी पे चढ़ावै
बना उछल-कूद चढ़ जाए

(३)
घोड़ी आई रे, बजार में बना
बाबा देख-देख जाय,
ताऊ देख-देख जाय,
घोड़ी कै गल घुंघरू बना।
दादी तेरी, चायेली बना।
ताई तरी, चायेली बना।
मीती बार-बार जाय,
घोड़ी कै गल घुंघरू बना।
हीरै बार-बार जाय,
घोड़ीकै गल घुंघरू बना।

(४)
ऐसी सुन्दर, श्याम घोड़ी,
क्यूँ खड़ी दरबार में।
किस बुलाई, किसने सजाई,
दादा बुलाई, दादी सजाई
बने के, कारण आई है।
ताऊ बुलाइ, ताई सजाई।
बने के, कारण आई है।
खाने को लेंहु खसता कचोरी।
पाने को, शरबत तैयार है।
चढ़ने को लेहुं, छोटा सा बनड़ा।
वो बड़ा, होशियार है।
जै तो घोड़ी, धीरै चलोगी।
दादा बड़े होशियार है।
ऐसी सुन्दर श्याम जोड़ी।

(५)
घुम-घुम घोड़ी, सजना की पोली।
तेरे बिना बनड़ा रै,
नीचे ना नचनीया रै।
सास तेरी आवै, आरता उतारै।
साली तेरी आवै, नीमड़ीं झरावै।
साला हेली आई रे,
तोड़ लेगी तनीयाँ रै।
दादा ने बुलाई, ताई ने सजाई।
ताऊ ने बुलाई, ताई ने सजाई।
तेरै बीना बनड़ा रै,
नाचै ना नचनीया रै।

(६)

चंचल घोड़ी चांनणि,
गढ़ मथुरा सै आई।
लेदयो मेरा लखी दादा मोल ओ,
थारी होवैगी बड़ाई
लेदयो मेरा लखी ताऊ मोल ओ,
थारी होवेगी बड़ाई
कै लख घोड़ी का मोल ओ,
कै लख मै चुकाई।
नौ लख घोड़ी का मोल ओ।
दस लख मैं चुकाई।
आप नवल बना चढ़ गया,
आपकी चतुराई।
आगै ही आगै नवल बना,
पिछै सब भाई।
लडूवां के कोठै भरै,
जीम्मो सब भाई।
रुपया की थैली भरी,
खरचो सब भाई।
खुब वनारै बेटा राव का।
जानू असल सिपाही,
चंचल घोड़ी चांनणि,
गढ़ मथुरा से आई।

टीका

गीत टीका का

कठै से आया नारियल-नारियल
कठै से म्हारेनवल बने का
टीकला जी राज।
बागां सै आया नारियल-नारियल
समधान से आया म्हारै,
नवल बना का टिकला जी राज।
कठै उत्तारां नारियल-नारियल।
माथै उत्तारां दायजा-दायजा,
कठै तो उत्तारा म्हारै नवल बना की गोरड़ी जी राज।
आगणं तो उत्तारा दायेजा-दा़येजा,
महालां मैं उत्तराँ म्हारै नवल बना की गोरड़ी जी राज।
सेज सोरंगी म्हारै नवल बना की गोरड़ी जी राज।

(२)
सुई सार की, धागा पाट का।
पोता चीतिये,
दसरथ राव का।
सुई सार की, धागा पाट का।
बेटा रामचन्द्र राव का।

गीत कपड़े पहरने का

कपड़े तो पहरो म्हारा लाड़ला गै कर जी।
करये गुमान दादा जी का प्यारा लाडला।
करये गुमान ताऊ जी का प्यारा लाडला।
कपड़े तो पहरो म्हारा लाड़ला गै कर जी।
करये गुमान जामी जी का प्यारा लाडला।
करये गुमान चाचा जी का प्यारा लाडला।
कपड़े तो पहरो म्हारा लाड़ला गै कर जी।

सेहरा

कहयो री उस कुमरै कै लड़कै नै।
कुन्डा तो लावै मेरै़ लाल नै।
कुन्डा तोलावै मेरे राय रत्तन सिंग नै।
मेरै छल बदन सिंग नै।
कहयो री उस मामा सहजादा नै।
जामा तो ल्यादे मेरै लाल नै।
जामा तो लावै मेरा राव रत्तन सिंग नै।
मेरै छल बदन सिंग नै।
और मथुरा कै लाल नै।
कहयो री उस माली कै लड़कै नै।
सेहरा तो ल्यादे मेरै लाल नै।
सेहरा तो लादे मेरै राय रत्तन सिंग नै।
मेरै छल बदन सिंग नै।
और मथुरा कै लाल नै।
कहयो री उस भाभी हंसणि नै।
काजल तो घालै मेरै लाल कै।
काजल तो घालै मेरै राय रत्तन कै।
मेरै छल बदन सिंग नै।
और मथुरा कै लाल नै।
कहयो री उस सुनार कै लड़कै नै।
डोरा तो लादे मेरै राय रत्तन सिंग नै।
मेरै छल बदन सिंग नै।
और मथुरा कै लाल नै।
कहयो री उस मोची कै लड़कै नै।
जूता तो लादे मेरै राय रत्तन सिंग नै।
मेरै छल बदन सिंग नै।
और मथुरा कै लाल नै।

कहयो री उस समधी धगड़े नै।
कन्या तो दे दे मेरै लाल नै।
कन्या तो दे दे मेरै राय रत्तन सिंग नै।
मेरै छल बदन सिंग नै।
और मथुरा कै लाल नै।

(२)
आई है शुभ घड़ी
मालन ले आओ सेहरा।
तेरे बाबा ने खड़े
होके, गुंथाया सेहरा।
तेरे ताऊ ने खड़े
होके, गुंथाया सेहरा।
दादी रानी ने कलेजे
से लगाया सेहरा।
ताई रानी ने कलेजे
से, लगाया सेहरा।

(३)
तुँ मालन कित जाये,
घर थारै श्री राम कै बेटै का व्याहाये।
घर थारै श्री राम कै बेटै का व्याहाये।
आगै तो अड़गा, उदली का जाया जबाई।
म्हारै भान्डा, का नेग चुकाये।
एक टका पावली थारै, भान्डा का यो ही अनुमान।
म्हारे भान्डा, का नेग चुकाये।
एंक टका पावली थारै, भान्डा का यो ही अनुमान।
म्हारै लाडलड़ का सेवरा।

घर म्हारा लाडलड़ का व्याहाये।
तुँ मालन कीत जाये।
घर थारै नन्द बाबा कै, बेटा का व्याहाये।

(४)
इत्तर मैं भीग रही एक लड़ी सेहेरे की
इत्तर मैं भीग रही एक लड़ी सेहेरे की
महफ़िल मैं जा कै कहदो बने के बाबा जी नै
महफ़िल मैं जा कै कहदो बने के बाबा जी नै
इत्तर मैं भीग रही एक लड़ी सेहेरे की
इत्तर मैं भीग रही एक लड़ी सेहेरे की
महलां में जा कै कहदो बने की दादी जी नै
महलां मैं जा कै कहदो बने की ताई जी नै
दोनूं हाथां मैं उठाए ल्याओ एक लड़ी सेहेरे की
दोनूं हाथां मैं उठाए ल्याओ एक लड़ी सेहेरे की
इत्तर मैं भीग रही एक लड़ी सेहेरे की

दोहा

सुरमा-सुरमा क्या करो सुसरा जी,
सुरमा दुँबर जी डाल।
मोहरां लुँगी डेडसौ,
रति ये ना लेऊ,
ये आज दिन गीत नया जी कम।

घोड़ी चढ़ने का बना

लाडेला पहलो तो पासो गायड़ मलराली ओ जी
लाडेला पड़ग्यो सिरदार बन्नी को हाथ
घोडले जित्या दुर खुरसान का
लाडेला दुजा तो पासो गायड़ं मल राली ओ जी
लाडेला पड़ग्यो सिरदार बन्नी को हाथ
गहनो तो जीत्यो रत्तन जड़ावै गो
लाडेला तीजो तो पासो गायड़ मल राली ओ जी
लाडेला पड़ग्यो सिरदार बन्नी को हाथ
पडलो तो जीत्यो पुरब देश गो
लाडेला चोथो तो पासो गायड़ मल राली ओ जी
लाडेला पड़ग्यो सिरदार बन्नी को हाथ
जानी तो जीत्या आपनी जोड़गा
लाडेला पुरो तो पासो गायड़ मल राली ओ जी
बन्नी तो जीती बड़ै परिवार की

गीत घोड़ी पर चढ़ने का

दस मास रे बेटा, गर्भ में राखा
मायड़का नीरणा ले चला।
अपनी मायड़ न मैं बाँदी भी लयाँदु।
बड़ येसाजन की धीवड़ी।
तेरै तो होण मैं रे भतिजा, सथिये धरे थे।
बुआ का नीरणा ले चला।
अपनी बुआ न मैं तीवल चीताँदु
एक सुती, एक रेशमी।
तँ तो रे बीरा, गोद खिलाया।
बहना का, नीरणा ले चला।
अपनी बहणाँ न मैं, हार घड़ा दूँ।
तीवल चीता दूँ रेशमी।

गीत बरात चढ़ाने का

चन्दा पाँच पचन्दा, रे बीरा घोड़ी चढै।
घोड़ा कै लागै आबे
जान चढ़ै तेरे बाबे।
चन्दा पाँच पचन्दा, रे बीरा घोड़ी चढै।
घोड़ा कै लागै आबु, जान चढ़ै तेरे बाबुल।
चन्दा पाँच पचन्दा, रे बीरा घोड़ी चढै।
घोड़ा कै लागै आचे,
जान चढ़ै तेरे, ताऊ चाचे,
चन्दा पाँच पचन्दा, रे बीरा घोड़ी चढै।
घोड़ी कै लागै हिरे,
जान चढ़ै तेरे बीरे।
चन्दा पाँच पचन्दा, रे बीरा घोड़ी चढै।
घोड़ी कै लागै हानजे,
जान चढ़ै तेरे भानजे।
चन्दा पाँच पचन्दा, रे बीरा घोड़ी चढै।
घोड़ी कै लागै आम्भे।
जान चढ़ै तेरे मामे।
चन्दा पाँच पचन्दा, रे बीरा घोड़ी चढै।
घोड़ी कै लागै इजे,
जान चढ़ै तेर जीजें।
चन्दा पाँच पचन्दा, रे बीरा घोड़ी चढै।

खोडिया

शाखा

साहेन पद के शाह जी
शाहन के श्री छात्र
दसरथ जी का पोत्र है।
मित्तल जीसका गोत्र

गीत खोड़िया का

म्हारै राम-चन्द्र जान गया,
कजलोटी ऐ
जोयेड़ ने किसनै सोंप गया,
कजलोटी ऐ
बहणा की चोंकी बिठाये गया,
कजलोटी ऐ।
बहन तो पड़क सोये गई,
कजलोटी ऐ।
आये छोरे पाड़ गये,
कजलोटी ऐ।
पाड़ गये बीगाड गये,
कजलोटी ऐ।

(२)

पहीयाँ गीरड़-गीरड़ कै जाय जी
घर कृष्णा कै जाय जी
आगै जोयड़ ठाडी बैठी
अनगोडा लीया अड़ाय जी
गोडै सेती गोडा अड़गा
टाँग रही बल खाय जी
पहीयाँ गीरड़-गीरड़ कै जाय जी

(३)
किसया की ओ मैंड़ी,
किसया के चुबारे।

समधी जी की ओमड़ी,
दसरथ जी के चुबारे।
लिंपु पोंतु ओ-मड़ी,
लीप धरूँ चुबारे।

(४)
राम चन्द्र कै घर मैं दो पतासे
एक खेलै एक करै तमासे
पपेहया भी बोल
कश्ञणा कै घर मैं दो ऊँट
एक सुता एक काडै खुन्ट
पपेहया भी बोल

(५)
किसया की है मिमणी,
बोल्ल म्या म्याँ म्याँ।
किसया का है बोकड़ा,
बोल्ल भों-भों-भों।
समधी जी की है मिमणी,
बोल्ल म्या म्याँ-म्याँ,
दसरथ जी का है बोकड़ा,
बोल भों-भों-भों।

(६)
किसया की पोल्या बोल्या जी, मणीयार लला।
किसया कुक बुलाया जी, मणयार लला।
नन्द जी की पोल्या बोल्या जी, मणीयार लला।
बाई सुभद्रा कुक बुलाया जी, मणियार लला।

बहु राधा पहरण बैठी जी, मणियार लला।
एक हरा ये पटा, एक लाल पटा।
जंगाली बन्द लगाया जी, मणियार लला।

खेड़िया का घड़ा में बोलन का

ये री भुआ, क्यूं भतीजा।
टक्का पैसा जोड़कै मेरा ब्याह करदे,
नहीं तो कृज़्णा की बहु न लेकै भाग जाऊँगा।
वा तो सुणि घणि रे मेरा लाल दाई म्हारी वाँवरोय।
तेरी जोड़ी ना जचीरे मेरा लाल, दाई म्हारी वाँवरिया।
ये री भुआ, क्यूँ भतीजा

खोड़िया का बाणा

देण चली, देण चली, सासु जीनबाणा देण चली।
मोड़ दिया-मोड़ दिया।
सासु जी न बाणा मोड़ दिया।
मत जाईयो, मत जाईयो।
सासु जी की गलिया मत जाईयो।
देण चली, देण चली।
जीठाणि न बाणा देण चली।
मोड़ दिया, मोड़ दिया।
मेरा शुभ का, बाणाँ मोड़ दिया।
मत जाईयो, मत जाईयो।
जीठाणि की, गलियाँ मत जांईयो।
देण चली, देण चली।
ननंदी न बाणा, देण चली।
ले लिया ले लिया, मेरा शुभ का बाणा ले लिया।
नीत जाईयो, नीत जाईयो।
ननंदी की गलिया, नीत जाईयो।

बधावा

बधावा

हाटै बीकन्ती रे बीरा चुन्दड़ी,
ले दो सीता न मोल।
बधावा जी म्हारै नति नया।।
ओढ़ पहर बीरा नीसरी,
मुड़-तुड़ दे रही आशिश।
बधावा जी म्हारै नीत नया।।
लदियो रे बघीओ बीरा आम ज्युं,
फलियो रे बीरा केलैं का पोधा।
बधावा जी म्हारै नीत नया।।
हाटै बीकन्ती रे बीरा चुन्दड़ी

(२)

बाग लगाइयो पन्ना मारु बाग लगाया
मालीड़ा रो तोरो थारी धण सै सहयो ना जाय
सयो ए ना जाय पन्ना मारु रहयो एनां जाय
उजली बतीसी गोरी रो जोबन झोला खाय
महल चिणाइयो पन्ना मारू महल चिणाय
चें जारा रो तोरो थारी धण सै सयो ना जाय
सयो ए ना जाय पन्ना मारू रहयो ए नां जाय
उजली बतीसी गोरी रो जोबन झोला खाय
भात रंधाये पन्ना मारू भात रंधाये
रसोईयां रो तोरो थारी धण सै सहयो नां जाय
सयो ए ना जाय पन्ना मारू रहयो ए नां जाय
उजली बतीसी गोरी रो जोबंन झोला खाय
हार घड़ाइयो पन्ना मारू हार घड़ाय

सोनीड़ा रो तोरो थारी धण सै सहयो ए ना जाय
सहयो ए ना जाय पन्ना मारू रहयो ए नां जाय
उजली बतीसी गोरी री जोबन झोला खाय
सेज बिछाइयो पन्ना मारू सेज बिछाय
दासी बांदी रो तोरी थारी धण स सहयो ए नाँ जाय
सहयो ए ना जाय पन्ना मारू रहयो ए नां जाय
उजली बतीसी गोरी री जोबन झोला खाय
कद की खड़ी ओ पन्ना मारू कद की खड़ी
घुंघट मैं झाला दे है थारी जीव की झड़ी

(३)
ये मोती समदरीय मैं नीपजै
सोवै म्हारै राम चन्द्र कै कानै
बधावा जी म्हारै आइयो
सोवै म्हारै कश्अण कै कानै
बधाबा जी म्हारै आइयो
भागै बडा है इनकी माया का
जैनम्या है अर्जून भीम
बधावा जी म्हारै आईयो
भागै बड़ा है इनकी वहण का
खिल्लाया कान कँवर सा बीर
बधावा जी म्हारै आइयो
भाग बड़ा है इनकी गोरी का
पाया है टोपी वाला श्याम
बधावा जी म्हारै आइयो
पाया है सेली वाला श्याम
बधावा जी म्हारै आईयो
ये मोती समदरीय मै नीपजै

(४)

म्हारै आँगण बाजा ओ बाजियो जी म्हारा राज
म्हारा सुसरा बडेरा चोधरी,
सासु जी साहायेबा घर की मेड़।
बधावा मैं सुणाजी म्हारा राज।
म्हारा जेठ हस्तीदातं,
जीठानी जी साहायेबा चुड़लै री चोंच।
बधावा मैं सुणाजी म्हारा राज।
म्हारा देवर हस्तीदाँत।
दोयरानी जी साहायेबा चुड़लै री चोंच।
बधावा जी साहायेबा चुड़लै री चोंच।
म्हारी ननंदल कड़कती बीजली,
ननदोइ जी साहायेबा सावणी-या रो लौर।
बधावा जी साहायेबा सावणी-या रो लौर।
वा तो कड़क-डरावे बिजली।
झुक बरसे सावणीया रो लौर।
बधावा सावणीया रो लौर।
म्हारी धीयड़ कसुम्बल चुन्दड़ी।
जमाई जी साहायेबा गज मोत्या रो हार।
बधावा साहायेबा गज मोत्या रो हार।
म्हारा साहायेबा सिर सेवरा जी म्हारा राज
साहेबाणी जी साहेबा सेंजा सींगार
बधावा
मैहे तो उठ सोंरगै सासरै।
किसरै मोसर जी साहायेबा पिहर का रूख।
बधावा
मैहे तो नीत उठ ओढ़ाँ चुन्दड़ी।
किसरै मोसर जी साहायेबा पिलै रो भेस।

बधावा
मैहे तो नीत उठ रान्धा खिचड़ा।
किसर मोसरै जी साहायेब जीन्दवाँ रो भात
बधावा
मैहे तो नीत उठ जनमा धीवड़ी।
किसरै मोसर जी साहायेबा अर्जून भीम।
बधावा
धन-धन ऐ सासु थारी कुख नै।
जीन जनमा-अर्जून भीम
बधावा
धन-धन ये बहु तेरी जीब नै।
सहराया सब परीवार।
बधावा मैं सुणा जी म्हारा राज।।

गीत घर आई बहु का

वो तो हारा ऐ बहु तेरा बाप
केसरिया बनड़ा जीतैगा
वो तो जीत्या आपगै दादाजी गैताण
कोटन समधी हारग्या
वो तो हारा ऐ बहु तेरा बाप
केसरिया बनड़ा जीतैगा
वो तो जीत्या आपगै ताऊ जी गैताण
केसरिया बनड़ा जीतैगा

बधावा घर आई बहू का

जे बना तुं आया जीत कै।
तेरे दादा न करले सीलाम।
बना बनी लाया ब्याएकै।
जे बना तुं आया जीत कै।
तेरे ताऊ न करले सीलाम।
बना-बनी लाया ब्याएकै।

(२)

जीते म्हारै देई देवते,
जीते म्हारै राम चन्द्र राव।
जीते म्हारै कश्अण राव।
धारै रे मन चाव
थारी होड कोण करै।
जीते म्हारै देई देवते

कांगण

बहू थाली इकट्ठी कर

ना खुड़काईयो ना दुड़काईयो
सासु बहुआ की होवैगी लड़ाई
ना खुड़काईयो ना दुड़काईयो
दौर जीठानीया होवैंगी लड़ाई

कांगण

तँ तो खोल ऐ नाचणतिकी काँगणा
तँ तो खोल ऐ उदली की काँगणा
तेरी माँये बहन का है मागँणा
तँ तो देहलीं बैठ चुंगाई
उदली की काँगणा ना खुलै
तँ तो खोल साहायेब का डोरीयाँ
तेरी माँय बहन सब गोरीयाँ
तँ तो पिंलगाँ बैठ चुगाँया
साहायेब का डोरीया झट खुलै

गीत कांगण के बाद का

तँ तो बैठये बहु म्हारी इस घर।
तेरी दादस बैठी दादसरै घर।
तँ तो बैंठये बहु म्हारी इस घर,
तेरी सासु बैठी सुसर घर।

भजन

भजन श्याम बाबा का

ओ सुन लीली के असवार
फागण कै मेलै आऊँ
चार बरस सहो रहयो बिछोव
किस विध धीरज ल्याऊँ
अवकी मेहरै करो मेरे दाता
नाचत कुदत आऊँ
सुन श्याम कन्हाई दाता
तुही माता पिता और भ्राता
प्रभु बिलख रयो दिन रात
तेरा दर्शन किस बिध पाऊँ
मन श्याम का गुण नित गाले
याह्रदय माय जचाले
कर प्रेम रस श्रृंगार
आशा के दीप जलाऊँ
मैं पंख कहाँ से ल्याऊँ
उडकर के श्याम तोहे पाऊँ
अब मेरो रहयो जीव घबराय
झुर-झुर के मैं मर जाऊँ
राम लगन गुण गावे
चरनों में ध्यान लगावे
कहे भक्त प्रेम सुनं श्याम
कुटूम्ब न सागै ल्याऊँ

(२)

करदे भक्तो का दुख दूर हो श्याम खाटू वाला
करदे सन्तो का दुख दूर हो श्याम खाटू वाला

गल पुष्पों की माला विराजे
तन केसरिया बागो साजे
कानो ये सोहे कर्णफुल हो श्याम खाटू वाले
करदे भक्तो का दुख दूर हो श्याम खाटू वाले
खाटू नगर है धाम तुम्हारा
कष्ट निवारण नाम तुम्हारा
दर्शन दयो लीली के असवार हो श्याम खाटू वाला
करदे सन्तो का दुख दूर हो श्याम खाटू वाला
माथे मुकुट रत्तनों का जड़या है
प्रेम सुख तेरी शरण पड़्या है।
भव से पार लगाना हो श्याम खाटू वाला
कर दे सन्तो का दुख दूर हो श्याम खाटू वाला
माखन मिश्री भोग लगत है
श्री फल चादर भेट चढ़त है।
होवे जात जडूला बेशुमार हो श्याम खाटू वाला
कर दे सन्तो का दुख दूर हो श्याम खाटू वाला
राम लगन प्रभु थारा गुण गावे
हर दिन आपका दर्शन पावे
ली जी हर फागण में बुलाए हो श्याम खाटू वाला
करदे सन्तो का दुख दूर हो श्याम खाटू वाला

(३)
इस भक्तो को दर्श दिखा देना खाटू वाले श्याम
मेरी डूबत लाज बचा लेना ख़ाटू वाले श्याम
अगर लाज न मेरी बचेगी तो दुनीया तुमपे हंसेगी
अपनी न शान घटा लेना खाटू वाले श्याम
तू घट-घट वासी होकर फिर भी क्यो रहता सोकर
अब चमत्कार दिखला देना खाटू वाले श्याम

मैं पापी अत्याचारी प्रभु आया शरण तुम्हारी
इस दास प्रेम को बचा लेना खाटू वाले श्याम

(४)
श्याम भक्तो का है रखवाला जी खाटू वाला
मोर मुकुट थारै सीरपर सोहे
गल पुष्पो की माला जी खाटू वाला
भीम बली के पुत्र लाडले
अहीलवती के लाला जी खाटू वाला
श्याम भक्तो का है रखवाला जी खाटू वाला
श्याम धणी म्हारे दर्शन दिन्या
खुलग्या करम का ताला जी खाटू वाला
आलुसिंह है भगत आपका
नित करे सिंगार नीराला जी खाटू वाला
श्याम भक्तो का है रखवाला जी खाटू वाला
तन पर कपड़ा रंग बिरंगा
खुद का रंग है काला जी खाटू वाला
यात्री दुर-दुर से आवे
बोले जय-जय कार जी खाटू वाला
राम लगन का संकट काटो
ये पड़ा विपत के पाला जी खाटू वाला
श्याम भक्तों का है रखवाला जी खाटू वाला

(५)
सुनना इस भक्तों की पुकार खाटू के बाबा
नेहा लगाकर काहे भुलाया
क्यों तड़पाया क्यों है रुलाया
आकर लेवो जी सम्हाल खाटू के बाबा

सुनना इस भक्तो की पुकार खाटू के बाबा
रत्तन सिंहासन आप विराजो
माथे पर केसरिया तीलक साजे
गलै सोहे फुलों का हार खाटू के बाबा
सुनना इस भक्तों की पुकार खाटू के बाबा
खीर चुरमा भोग लगावै
सान्चे मन से जो कोई ध्यावै
हो जावे भव से पार खाटू के बाबा
सुनना इस भक्तो की पुकार खाटू के बाबा
लीलै चढ़कर दर्श दिखाओ
बाबा अबतो कज़्ट मीटाओ
तुम बिन कज़्ट अपार खाटू के बाबा
सुनना इस भक्तो की पुकार खाटू के बाबा
आगे भक्त अनेक उबारे
राम लगन प्रभु शरण तुम्हारे
लेवो संकट से उबार खाटू के बाबा
सुनना इस भक्तो की पुकार खाटू के बाबा

(६)

खाटू वाले श्याम तुमको लाखों प्रणाम
अहिलवती के प्यारे तुमको लाखो प्रणाम
भीम बली के पुत्र कहलाए
कुल क्षेत्र युद्ध देखन आए
तीन बाण अपने संग ल्याए
अद्‌भुत तेरी शान तुमको लाखों प्रणाम
श्री कृज़्णा तुमको अजमाये
जोहर देख बड़े चकराये
तुमको बचन बद्ध करवाये

दिया शीशा का दान तुमको लाखो प्रणाम
भक्त प्रेम सुख जोत जगावे
माखन मिश्री भोग लगावे
राम लगन तेरा गुण गावे
दिजो कज़्ट मिटाये तुमको लाखों प्रणाम।

भजन माला का

माँ मेरी माला ले ग्यारी। माँ मेरी माला ले ग्यारी।
नन्द बाबा का कंवर लाड़ला। माला ले ग्यारी।
सात सखी गै कारण। मैं न्हावण चाली री
माँ मेरी माला ले ग्यारी।
जमना किनारे बैठ कै। मैं ध्यान लगाऊँ री
नन्द बाबा का कंवर लाडला। झपट कै ले ग्यारी
माँ मेरी माला ले ग्यारी। माँ मेरी माला ले ग्यारी।
एक समय मन्दिर मैं सुती। मैंने सुपना आयो री
नन्द बाबा का कंवर लाडला। माला ले ग्यारी।
दे गया दे गया दे गया। फेरन की कह गया री
माँ मेरी माला ले ग्यारी। माँ मेरी माला ले ग्यारी।
नन्द बाबा का कंवर लाडला माला ले ग्यारी

भजन

आऐ आऐ बीदर घर पावना जी
प्रभु आये बीदुर घर पावना जी
वीदुर घर नहीं थे
वीदुर रानी आवत देखे
सागर पानी चीन्ता
भोजन क्या जीमावना जी
घर आऐ वीदुर घर पावना जी
केला एक प्रेम से ल्याई
गीरी-गीरी सब देता गीराई
छीलका देत श्याम मुख माई
लागै प्रेम सुहावना जी
घर आये वीदुर घर पावना जी
इतने मैं वीदुर जी आए
खोटे खारे वचन सुनाए
छीलका देत श्याम मुख माही
लागै प्रेम सुहावना जी
घर आए वीदुर घर पावना जी
केला ले वीदुर जी हाथो से देते गेर
गीरधारी कहे सुनो बीदुर जी
मुझे स्वाद नहीं चाहीए
घर आए वीदुर घर पावना जी
बासी खुशी सखे रुखे हमको वीदुर जी
प्रेम के भुखे सुरदास सन्तान हीतकारी
लागै प्रेम सुहावना जी हरी आए
आऐ आए वीदुर घर पावना जी

भजन

साँवरिया के आगे खड़ा हूँ कर जोर
माहरो भरगो मेरो नन्द किशोर
तेरे ही भरोसे मेरी लुटी रे कमाई
तेरे ही भरोसे नानी होई रे पराई
माहरो भरगो मेरो नन्द किशोर
साँवरिया के आगे खड़ा हूँ कर जोर
माहरो भरगो मेरो नन्द किशोर
घर-घर माँगू रोटी खड़ा-खड़ा खाऊँ
नानी बाई को माहरो खुशी से भखाऊँ
बाबुल के कलेजे में उठी रे हिलोर
माहरो भरगो मेरो नन्द किशोर
सांवरियाँ के आगे खड़ा हूँ कर जोर
माहरो भरगो मेरो नन्द किशोर
तेरे ही भरोसे मैंने तन्दुरा उठाया
तेरे ही भरोसे सारा लोग हंसाया
नरसी जी के नानी बाई कालजेरी कोर
माहरो भरगो मेरो नन्द किशोर
साँवरियां के आगे खड़ा हूँ कर जोर
माहरो भरगो मेरो नन्द किशोर
नरसी जी की टेर सुन प्रभु छोड़े आये
नानी बाई गो माहरो खुशी से भरवा ये
नरसी जी के नानी बाई कालजेरी कोर
माहरो भरगो मेरो नन्द किशोर
साँवरियां के आगे खड़ा हूँ कर जोर
माहरो भरगो मेरो नन्द किशोर

भजन

राम दशरथ के घर जनमे
घराना हो तो ऐसा हो
देव दर्शन को चले आए
सुहाना हो तो ऐसा हो
यज्ञ का काम करने को
ले गए राम को बन में
उड़ाया शीश दैत्यो का
निशाना हो तो ऐसा हो
राम दशरथ के घर जन्में
घराना हो तो ऐसा हो
धनुज़ को जाकर तोड़ा
जनक की राजधानी में
भूप सब मन में शरमाये
लजाना हो तो ऐसा हो
राम...
घराना...
पिता की मान कर आज्ञा
राम बन को चले जब ही
न छोड़ा साथ सीता ने
जनाना हो तो ऐसा हो
राम...
राम गंगा के तट आए
और केवट को बुलाया है।
नाव को ले आओ भाई
पार गंगा के जाना है
राम दशरथ के घर जनमे

घराना हो तो ऐसा हो
जरा सी नेक सी अर्जी
मानो भगवान तो कहूं मैं
चरण की धुल मैं तारु
मैं पार गंगा ले जाऊं
राम...
देर क्यूं करता है भाई
लिया झारी तु जल्दी से
मिटा संशय तु अपना
अब पार जल्दी से जाना है
राम...
नाव मझधार से निकली
किनारे गंगा के आई
राम मन में शर्माए
कि क्या दूं नाव उतराई
राम...
पति की देखकर विपत्ता
सिया घट घट की जानी है
मुद्रिका हाथ से उतारी
कि या दो नाव उतराई
राम...
बहुत कुछ ले लिया भगवान
तुम्हारे चरण धोने में
कटे सब पाप के फन्दे
भव से पार कर देना
राम...
सीया को ले गया रावण
बना कर भेस जोगी का

मिटाया वंश फिर अपना
दीवाना हो तो ऐसा हो
राम...
प्रीत सुगरीव से करके
गीराया बाण से बाली
दिलाई नार फिर उसकी
हराना हो तो ऐसा हो
राम...
गए हनुमान लंका में
सिया सुधी लेने को
जला आए नगर सारा
स्याना हो तो ऐसा हो
राम...
बाँध सेतु समुद्र पे
उतारी पार सेना को
मिटाया वंश रावण का
हराना हो तो ऐसा हो
राम...
लगी थी शक्ति लक्ष्मण को
राम व्याफुल हुए मन में
ले आय पहाड़ की बुन्टी
सहारा हो तो ऐसा हो
राम...
बीर मेघनाथ को मारा
मची खल बल ये लंका में
छुट गए रावण के छक्के
हराना हो तो ऐसा हो
राम...

राज विभीज़ण को देकर
अयोदया लोट कर आए
वो ब्रहमा नन्द बल अपना
दिखाना हो तो ऐसा हो
राम दशरथ के घर जनमे
घराना हो तो ऐसा हो

भजन

हंसा चाल्य तो ले चालूं रे। महन्दी पुर नगरी
महन्दी पुर नगरी। तेरी बनमी बिगड़ी
हंसा चाल्य तो ले चालूं रे। महन्दी पुर नगरी
पाँव धरया धरती पर तेरी निर्मल होसी काया
तन-तन सीतल होसी पाकर। अटल छत्र की छाया
थमजा पहले शीश नवाल्यूं रे मैहन्दी पुर नगरी
हंसा...
आगै चाल्या मन भावन मन्दिर का दर्सन होसी
देख घटा घाटे की तं सुध बुध सारी खोसी
मुख से सब कुछ कैसे बोलूं रे महन्दी पुर नगरी
हंसा...
तीरथ धाम बनाया बाबा को ये अलबेला मन्दिर
सारे जग की रक्षा करता बैने बाँके अन्दर
प्यास नैना गी बुझाल्यू रे महन्दी पुर नगरी
हंसा...
चैत्र सुदी पुनम मंगल नै लागै मेला भारी
भक्ति भाव ले आवै मन में लाखों नर और नारी
पेड़ा और नारियल भोग लगाल्यूं रे महन्दी पुर नगरी
हंसा...
के सोचै है हंसा तेरी पुरी होगी आस
मन इच्छा फल बाबा देगा मन में रख विश्वास
तेरे संग में भी चालू रे मैहन्दी पुर नगरी
हंसा...

(२)

इस वक्त सवारी रघुवर की बनवास से आने वाली है
माता का इसमें कोई दोश नहीं पिता का कोई अपराध नहीं
किस्मत में लिख्या था जो मेरे वो बात भी होने वाली थी
इस वक्त सवारी रघुवर की बनवास से आने वाली है
चले भरत आगे आगे पीछे शत्रुघन खड़े हैं
भाइयों की जोड़ी नीराली है।
इस...
केकैयी सुमित्रा कोशल्या वो चली लीवाने रघुवर को
फुलो से सज रही थाली है
इस...
पुज़्प विमान में बैठे हैं। हनुमान चरणों में लिपटे हैं
माता की छवी नीराली है।
इस...
राज तीलक का दिन आया
ऋज़ि मुनि सब तिलक लगाते हैं
हनुमान ने माला डाली है।
इस...
राम ने माला तोड़ी है वो राम को ढूंन्डे माला में
माता का गुस्सा भारी है
इस...
माता बोली क्यूं तोड़ी कोई राम भी होवे माला में
हनुमत ने सीना फाडा है सीने में जोड़ी नीराली है
इस वक्त सवारी रघुवर की बनवास से आने वाली है

(३)

घड़ा ये घड़ा पर बन्टा टोकणि
देवकी पानी न जाय बहन

हर क्यु नी भजा ओ राम
ऊरल कान्ठै देवकी भर थी
परल कान्ठै जसोदा बहन
हर क्युनी भजा ओ राम
के जीजो तेरै सास बुरी है।
क्या तेरा कन्था भोला हो राम
क्या जीजी तेरै टोटा भड़कै
हर क्यु...
ना जीजी मेरी सास बुरी है।
ना मेरा कन्था भोला ओ राम
ना जीजी मेरै टोटा भड़फै
हर क्यु नी...
एक दुख जीजी कुख मेरी का
वो दुख मेरसै सहया ये ना जाय
हर क्यु नी...
ईबकै जीजी छोरा होगा
गोकल दिज्यो ना पहुँचाय
हर क्यु नी...
छोरै क बदलै छोरी दे दयुं
तो भी जग सिर बहन का
हर क्यु नी...
बैठ जीजी पहरेदार
भीड़जै जीजी अजड़ै किवाड़
हर क्यु नी...
सोज्यागे जीजी पहरे दार
खुल जाँव जीजी अजड़ै किवाड़
हर क्यु नी...
आधी सी रात पहर का तड़का

कानुड़ा न जनम लीया
हर क्यु नी...
हरे हरे बाँस का छाबड़ला मंगाया
कानुवा गोकल जावै जीजी कै
हर क्यु नी...
छोरै कै बदल छोरी देदी
अब जुग मैं सिर जीजी का
हर क्यु नी...
कंस मामा न पता लगाया
पटड़ कै दिहनी है मार
हर क्यु नी...
मनंअ क्युं मारै मामा पापी
तनंअ मार नीया गोकल में जनमा
हर क्यु नी...
गरड़ गरड़ करके बीजली वनगी
अम्बर में समाई जो राम
हर क्युं नी...
काना मेरा छ ये दिना का होया रे
मोसी न छटी ये पुजाई रे
मेरा कंवर कन्हैया
काना मेरा दसये दिना का होया रे
मोसी न नाम कढ़ाया रे
मेरा कंवर कन्हैया
काना मेरा एक महीने का हुआ रे
मोसी न जलवा पुजा रे
मेरा कंवर कन्हैया
काना मेरा एक वर्ज़ का होया रे
आंगण में रपटअ मचावै रे

मेरा कंवर कन्हैया
काना मेरा दोए वर्ज़ का होया रे
दादा की गोदी खेलै रे
मेरा कंवर कन्हैया
काना मेरा तीन वर्ज़ का होया रे
जामी की उँगली पकड़ै रे
मेरा कंवर कन्हैया
काना रे पाँच वर्ज़ का होया रे
स्कुलां में जावै रे
मेरा कंवर कन्हैया
काना मेरा चार वर्ज़ का होया रे
गिन्डी तो खेलै रे
मेरा कंवर कन्हैया
मेरा काना छः ये वर्ज़ का होया रे
पढ़ कर आया रे
मेरा कंवर कन्हैया
काना मेरा सात वर्ज़ का होया रे
ढाला तलवार उठाई रे
मेरा कंवर कन्हैया
काना मेरा आस-पास चले जाना रे
मामा की गली मत जाईयो रे
मेरा कंवर कन्हैया
मामा का राज बुरा रे
मेरा कंवर कन्हैया
माता मैं तो आस-पास ना जाऊँ रे
मामा की गलीयां जाऊँये
मेरी माता जसोदा
मामा न राज बताऊँये

मेरी माता जसोदा
काना नानी ओ देख कै हँस पड़ी
काना मामी देख कै खुश हुई
आया देवकी न नन्द बाई का पुत
काना राच रचाया चनंणा चोंक में
काना चनंण चोकी बैठना
काना दुध परवालु तेरे पैर
काना राच रचाया चनंणा चोंक में
काना चावलज रान्धु उजला
हरे ये मुँगा धोई दाल
काना राच रचाया चनंणा चोंक में
काना फलका तो पोऊं रलझ़ला
तीमण तीस पतीस
काना राच रचाया चनंणा चोंक में
काना जी मत नी रखुं आंगली
काना बोतल नीरंखु जीब
काना राच रचाया चनंणा चोंक में
मामी जीम्या री झुठा रस भरा
मेरा मामा दयो नी बता
काना राच रचाया चनंणा चोंक में
काना थारा ओ मामा अचपला
गीत उठ गोलक जाय
काना राच रचाया चनंणा चोंक में
काना टग टग महलां चढ़ गय़ा
काना हुंसे घुंसे धुल पड़ा
काना काढ़ी नंगी तलवार
काना राच रचाया चनंणा चोंक में
काना खुन भरे तेरे कपड़े

काना खुन भरी तलवार
काना राच रचाया चनंणा चोंक में
काना किस पर पहरू चुड़ला
किस पर करु सिन्गार
काना राच रचाया चनंणा चोंक में
मामी खुन्टी पर रखदो चुड़ला
डब्बा मैं रखो सिन्गार
काना राच रचाया चनंणा चोंक में
काना किसकी पोल उजाड़ी रे
किसका उजाड़ा सरब सुहाग रे
मेरा कवंर कन्हैया
माता मैं तो नाना पोल उजाड़ी ये
मामी का उजाड़ा सरब सुहाग ये
मेरी माता जसोदा
काना तै तो बुरी करी रे मेरा लाल
मेरा एक बीर तन मारा रे
मेरा कंवर कन्हैया
माता मेरे सात बीरे मारे ये
तेरै एक न आन्सु आया ये
मेंरी माता जसोदा
माता मैं तो एक बीर तेरा मारा ये
तेरै भरा ये समुन्द्र उजला ये
मेरी माता जसोदा
काना तेरा तड़कै ब्याहाये रचाऊ रे
कोण तो आवै मेरै भाती रे
मेरा कंवर कन्हैया
माता मेरा तड़कै ब्याहा रचा दे ये
मैं तो आये भाती बन जाऊँ ये

मेरी माता जसोदा
माता मेरा तड़कै ब्याहा रचा देये
मेरै कोन तो चढ़ै ये बराती यें
मेरी माता जसोदा

ज्ञान गणपती

हमारे घर ज्ञान गणपती आये रामा
गणपती आये रामा मेरी आंख विराजे श्री राधे रामा
आँख बिराजे रामा अच्छे अच्छे बड़े बड़े
मन्दिर के दर्शन कराये श्री राधे रामा
हमारे घर ज्ञान गणपती आये रामा
गणपती आये रामा मेरे कान विराजे श्री राधे रामा
कान विराजे रामा अच्छे अच्छे बड़े बड़े
ज्ञान सुनााये श्री राधे रामा
हमारे...
गणपती आये रामा मेरे सुख मैं विराजे श्री राधे रामा
मुख में विराजे रामा अच्छे अच्छे बड़े बड़ै
किर्तन कराये श्री राधे रामा
हमारे...
गणपती आये रामा मेरे हाथ विराजे श्री राधे रामा
हाथ विराजे रामा अच्छे अच्छे बड़े बड़े
दान दिलाए श्री राधे रामा
हमारे...
गणपती आये रामा मेरे पैर विराजे श्री राधे रामा
पैर विराजे रामा अच्छे-अच्छे बड़े-बड़े
तीर्थ कराए श्री राधे रामा
हमारे...

गणपती आये रामा मेरे अंगणा विराजे श्री राधे रामा
अंगणा विराजे रामा अच्छे-अच्छे बड़े बड़े
हवन कराए श्री राधे रामा

समाप्त